警察組織パーフェクトブック

宝島社

目次

第2章 警察官という人生

これが日本の警察組織図

国の警察組織図

- **内閣総理大臣**
  - （所轄）
  - **国家公安委員会**
    - 国務大臣たる委員長および５人の委員
    - （管理）
    - **警察庁**
      - 警察庁長官
      - 次長

（内部部局）

- **長官官房**
  - 総括審議官
  - 制作評価審議官
  - 公文書監理官
  - 技術審議官
  - 参事官
  - 首席監察官
  - 総務課
  - 人事課
  - 会計課
  - 給与厚生課
  - 国家公安委員会会務官
- **生活安全局**
  - 生活安全企画課
  - 少年課
  - 保安課
  - 情報技術犯罪対策課
  - 生活経済対策管理官
- **刑事局**
  - 刑事企画課
  - 捜査第一課
  - 捜査第二課
  - 捜査支援分析管理官
  - 犯罪鑑識官
  - **組織犯罪対策部**
    - 組織犯罪対策企画部
    - 暴力団対策課
    - 薬物銃器対策課
    - 国際捜査管理官
- **交通局**
  - 交通企画課
  - 交通指導課
  - 交通規制課
  - 運転免許課
- **警備局**
  - 警備企画課
  - 公安課
  - 警備課
  - **外事情報部**
    - 外事課
    - 国際テロリズム対策課
- **情報通信局**
  - 情報通信企画課
  - 情報管理課
  - 通信施設課
  - 情報技術解析課

（付属機関）

- 警察大学校
- 科学警察研究所
- 皇居警察本部
  - 皇居警察学校

（地方機関）

- 東京都警察情報通信部
- 北海道警察情報通信部
- **東北管区警察局**
  - 総務監察・広域調整部
  - 情報通信部
  - 県情報通信部
  - 管区警察学校
- **関東管区警察局**
  - 総務観察部
  - 広域調整部
  - 情報通信部
  - 県情報通信部
  - 管区警察学校
- **中部管区警察局**
  - 総務観察部
  - 広域調整部
  - 情報通信部
  - 県情報通信部
  - 管区警察学校
- **近畿管区警察局**
  - 総務観察部
  - 広域調整部
  - 情報通信部
  - 県情報通信部
  - 管区警察学校
- **中国管区警察局**
  - 総務監察・広域調整部
  - 情報通信部
  - 県情報通信部
  - 管区警察学校
- **四国管区警察局**
  - 総務監察・広域調整部
  - 情報通信部
  - 県情報通信部
  - 管区警察学校
- **九州管区警察局**
  - 総務監察部
  - 広域調整部
  - 情報通信部
  - 県情報通信部
  - 管区警察学校

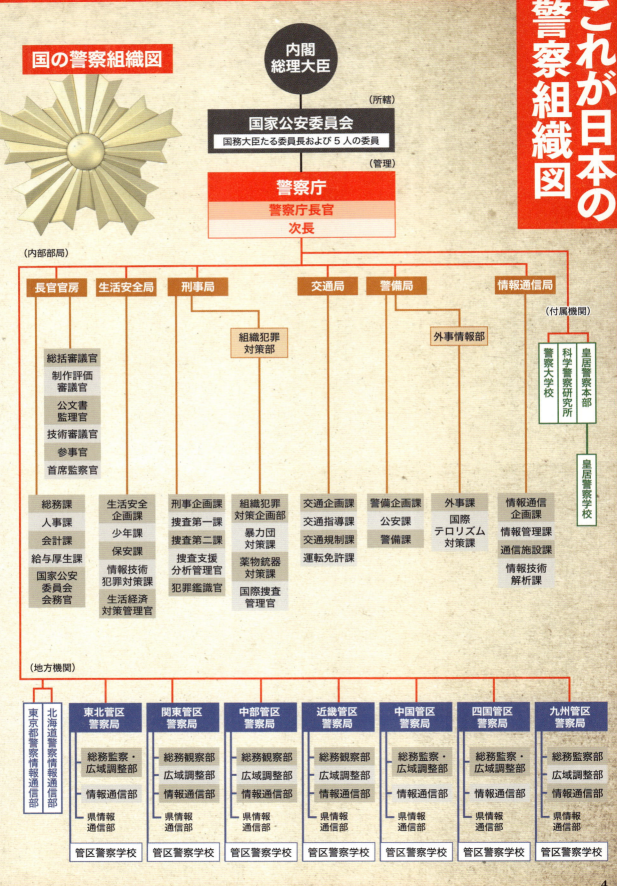

都道府県の警察組織図

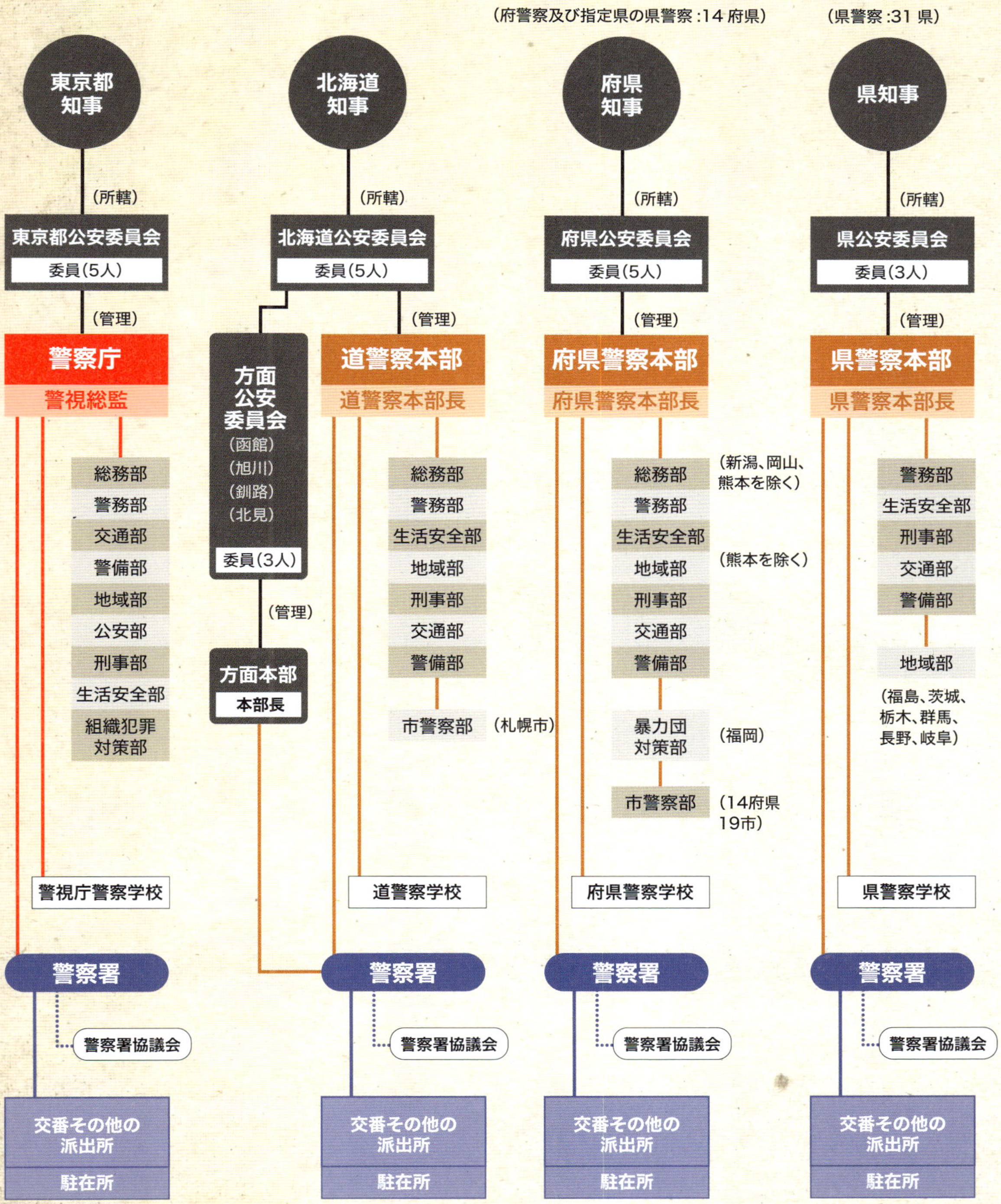
(府警察及び指定県の県警察:14府県)
(県警察:31県)
東京都知事
(所轄)
東京都公安委員会
委員(5人)
(管理)
警察庁
警視総監
総務部
警務部
交通部
警備部
地域部
公安部
刑事部
生活安全部
組織犯罪対策部
警視庁警察学校
警察署
警察署協議会
交番その他の派出所
駐在所
北海道知事
(所轄)
北海道公安委員会
委員(5人)
方面公安委員会
(函館)
(旭川)
(釧路)
(北見)
委員(3人)
(管理)
方面本部
本部長
(管理)
道警察本部
道警察本部長
総務部
警務部
生活安全部
地域部
刑事部
交通部
警備部
市警察部
(札幌市)
道警察学校
警察署
警察署協議会
交番その他の派出所
駐在所
府県知事
(所轄)
府県公安委員会
委員(5人)
(管理)
府県警察本部
府県警察本部長
総務部
(新潟、岡山、熊本を除く)
警務部
生活安全部
(熊本を除く)
地域部
刑事部
交通部
警備部
暴力団対策部
(福岡)
市警察部
(14府県19市)
府県警察学校
警察署
警察署協議会
交番その他の派出所
駐在所
県知事
(所轄)
県公安委員会
委員(3人)
(管理)
県警察本部
県警察本部長
警務部
生活安全部
刑事部
交通部
警備部
地域部
(福島、茨城、栃木、群馬、長野、岐阜)
県警察学校
警察署
警察署協議会
交番その他の派出所
駐在所

第1章

警察の武力

日本国民の安全を守る30万人警察官の実力と装備を大紹介。

拳銃、機関銃、白バイ、パトカーから捜査車両、ヘリコプターまで、警察組織の知られざる装備を一挙公開する。

H&K MP5 A5
日本警察用短機関銃

MP5は高い命中精度がウリ 故障も少なくタフ!

■H&K MP5 A5主要諸元

全長	550㎜（銃床展張時700㎜）
重量	3.08kg
種類	短機関銃
口径	9㎜
銃身長	225㎜
弾薬	9×19㎜パラベラム弾
装弾数	10／15／20／30／32発
作動方式	クローズドボルト・ローラーロッキング
発射速度	約800発／分
製造	H&K（ヘッケラー＆コッホ）社、ドイツ

写真は千葉県警機動隊・銃器対策部隊のもの。MP5 A5は警視庁SATほか、各警察の銃器対策部隊に配備されている

これは警視庁SATが公開した訓練映像。屋内の脅威に対する銃器による制圧術。MP5が身体の一部になったように手慣れており、SATの練度の高さがわかる

警官個人が持つ銃器の威力!
機関銃・拳銃

特殊部隊などが使う短機関銃「H&K MP5 A5」。警察官が使用する現用主要拳銃「S&W M37エアウェイト」。警察の銃器の実力を徹底解説。

写真・文●貝方士英樹

軽量・小型の銃器類は日本人の体格を意識

機動隊の銃器対策部隊などが装備するMP5 A5は、ドイツのH&K（ヘッケラー&コッホ）社が製造する短機関銃だ。全長550㎜、重量3・08kgのサイズはコンパクトで取り回しが良く、日本人の体格にも合っている。

MP5は高い命中精度がウリだ。コンパクトで高精度、故障も少なくタフである。警察系・軍事系問わず、諸外国の特殊部隊が導入し始め、旧西ドイツ国境警備隊GSG-9が採用、ハイジャック事件の制圧解決に成功したことから、本銃の有用性に注目が集まった。

※本頁で紹介している拳銃はモデルガンです

S&W M37エアウェイト
日本警察用回転式拳銃

日本人の手にフィットする軽量がウリのM37エアウェイト

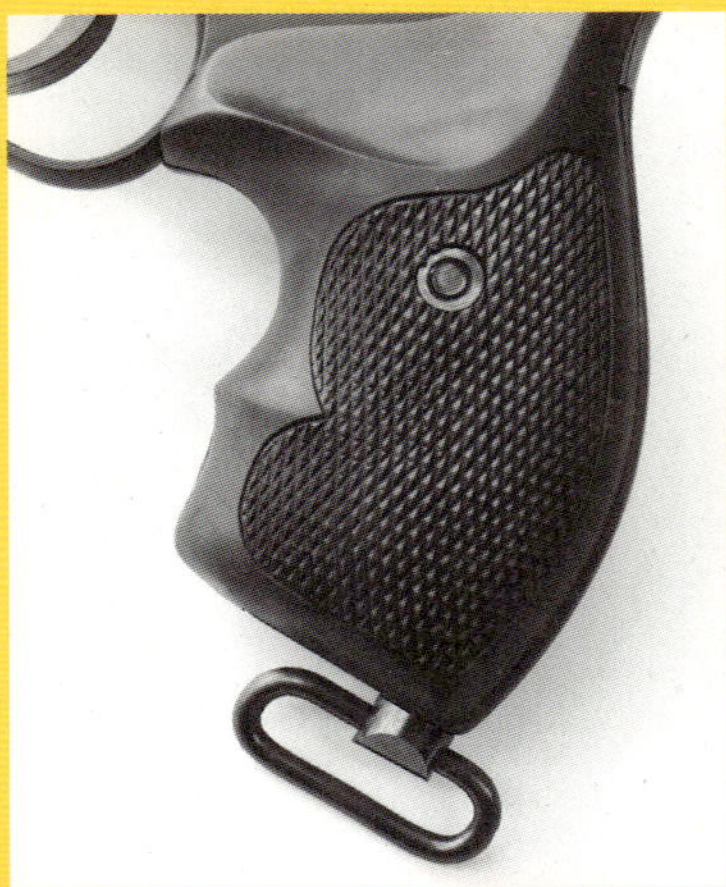

グリップ（銃把）

グリップ（銃把）は全体に小振りだが、ラバー製で銃を保持しやすく安定感が得られる。モールド（握る指が掛かる凸部）が設けられ、しっかりと握ることができ射撃性に寄与する。グリップ底面にはランヤード（吊り紐）を接続するリングを装着する

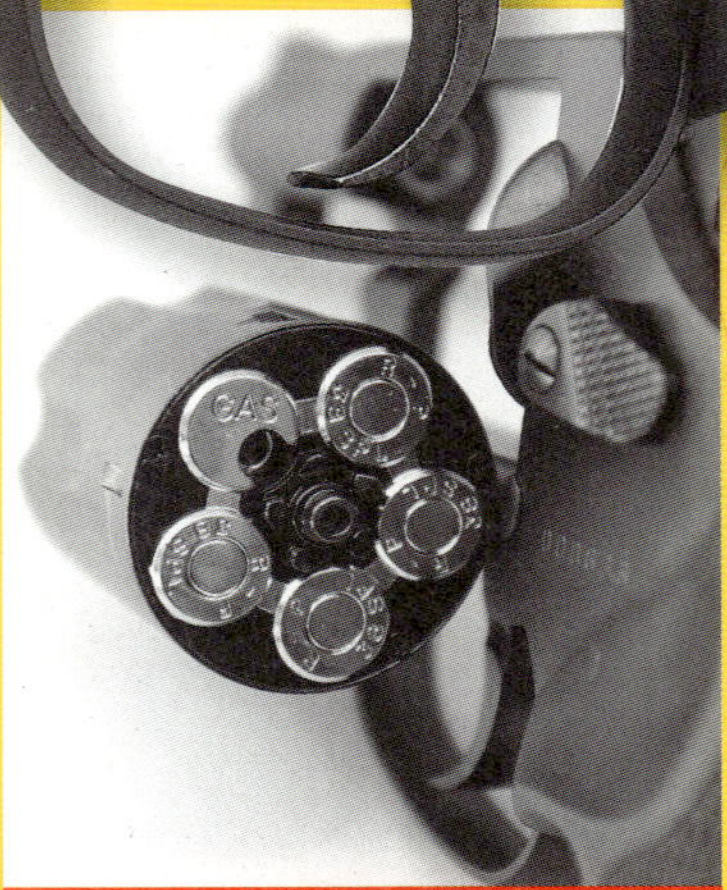

シリンダー弾倉

シリンダー弾倉を振り出した状態。これで装弾等を行う。S&W社製の弾倉回転方向は反時計回り。写真のM37はモデルガン（ガスガン）で、発射ガス充填部が見えている

日本ではSAT（特殊急襲部隊）や機動隊の銃器対策部隊が配備している。銃対部はMP5 A4をベースに伸縮式銃床を装備したMP5 A5を導入した。警視庁機動隊銃対部はさらに緊急即応チームを編成し、連射性能を活かした射撃運用を行うべく体制作りと訓練実施を発表している。

制服警官に配備される現用主要拳銃がS&W（スミス&ウェッソン社）M37エアウェイトだ。いわゆるリボルバー（回転式拳銃）である。全長160㎜、重量554gとコンパクト。本銃は、S&W M36チーフスペシャルをベースに、銃フレームの一部をアルミ素材とし軽量化を図った。名称のエアウェイトはこの軽量さに由来している。優れた点はグリップ（銃把）だ。握りづらい小型拳銃は発射の反動により暴れてしまうことが多いが、本銃のラバーグリップは日本人の手を考慮し、保持性に優れている。国産警察用拳銃として有名なニューナンブM60の実質的後継モデルとして配備されている。

拳銃射撃競技会のようす。制服／私服警官（刑事、捜査員）とも一般的にはリボルバー拳銃が配備されている。一部、SP（要人警護員）などが自動式拳銃を使用するとされている

■S&W M37エアウェイト主要諸元
全長：160㎜（M36の数値）
重量：554g（同上）
種類：リボルバー（回転式拳銃、警察用）
口径：.38口径（弾倉・銃口直径約9㎜）
銃身長：51㎜
弾薬：.38スペシャル弾
装弾数：5発（回転式シリンダー弾倉に装填）
作動方式：ダブルアクション
製造：S&W（スミス&ウェッソン）社、アメリカ

M37の右側フレームにはS&W社刻印と銃名称が刻まれる。シリアルナンバーは左側フレームに打刻されるようだ

警察が使用している拳銃

年代	拳銃名	備考
終戦直後～	コルト M1917	米軍貸与銃、45口径、リボルバー（※現在は予備銃）
	S&W M1917	米軍貸与銃、45口径、リボルバー（※現在は予備銃）
	コルト オフィシャルポリス	米軍貸与銃、38口径、リボルバー（※現在は予備銃）
	S&W M10ミリタリー&ポリス	米製、38口径、リボルバー（※現在は予備銃）
	コルト M1911A1	米軍貸与銃、45口径、オートマチック（※退役）
	コルト ディティクティブスペシャル	米製、38口径、リボルバー
1960年代～	S&W M36チーフスペシャル	米製、38口径、リボルバー
	ニューナンブ M60	日本製、38口径、リボルバー
	ブローニング M1910	ベルギー製、32口径、オートマチック
	ワルサー PPK	ドイツ製、32口径、オートマチック
現代	S&W M37エアウェイト	米製、38口径、リボルバー
	S&W M360J SAKURA	米製、38口径、リボルバー（日本警察向け特注仕様）
	SIG SAUER P230JP	スイス製、32口径、オートマチック
	S&W M3913	米製、9ミリ口径、オートマチック

※リボルバー＝回転式拳銃、オートマチック＝自動式拳銃。予備銃とは現用主力ではないものを示す。通常は保管されている装備で、大規模警備事案など大量に拳銃が必要なときに用意されると言われる。現在は上記の他にM92F（伊ベレッタ社製、オートマチック）、P2000（独H&K社製、オートマチック）なども配備されているようだ。

S&W M60

S&W M1917

凶悪犯を追い詰める警察のシンボル
パトカー

交通秩序の維持や違反取締、犯罪捜査、公共の治安維持など警察の活動にはクルマが不可欠だ。日本社会の平和を守りながら、凶悪化した犯罪の増加に対応するには機動力が重要。その根幹を支えるパトカーには高性能と耐久性が求められる。現在の主力となる各種パトカーを見ておこう。

写真・文●貝方士英樹

警察の機動力を支える代表車 トヨタ「クラウン」パトカー 大量導入され定着した警察力

トヨタ クラウン（GRS200系）

全国的に配備が進むトヨタ・クラウンパトカーは、その基本性能の高さから現場での評判も良好。パトカー理想型のひとつとなっているようだ。1世代前のクラウンをベース車とし、2011年頃から少数を導入開始。事後、全国的に配備されている。交通警察系や刑事警察系を問わず行き渡り、警察の機動力を総合的に高めている

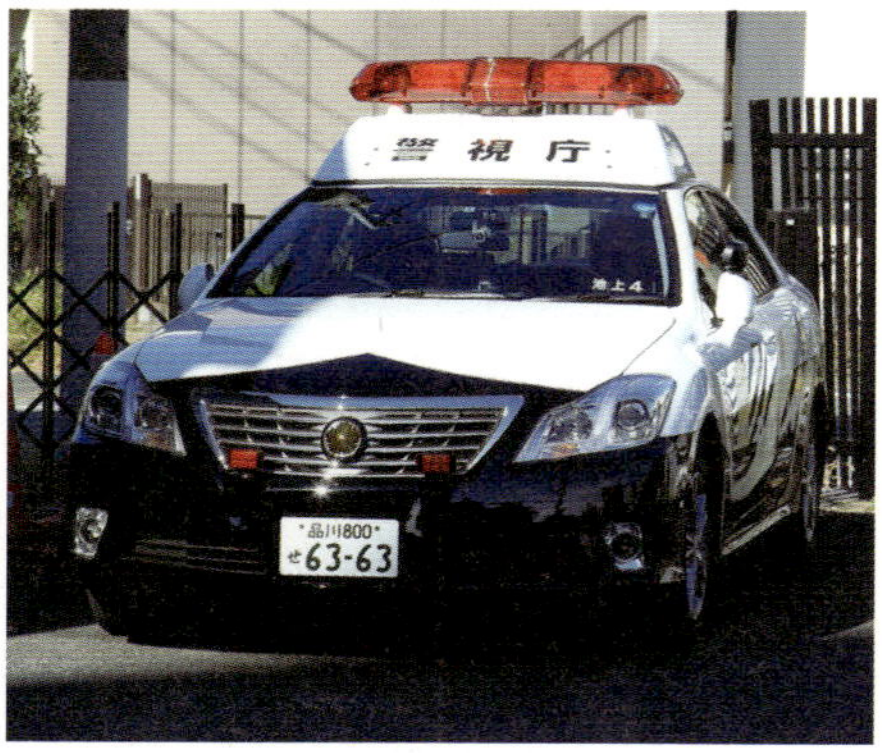

フロントグリルの前面警光灯はLED化され、ルーフの散光式警光灯も新型を装備しているのが目印

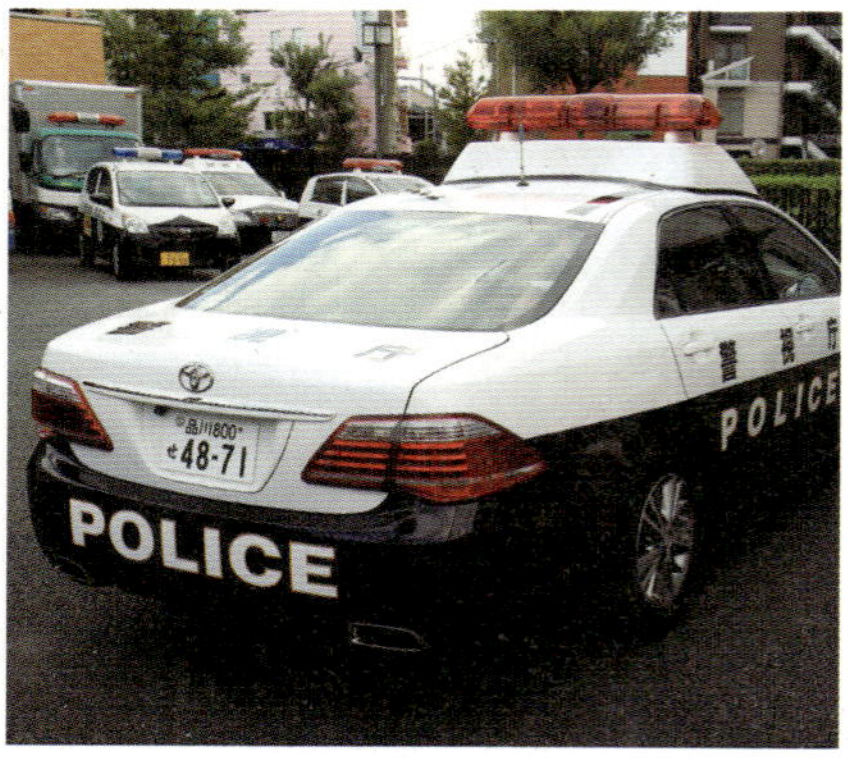

後部トランクルームが大容量で、パイロンなど交通取締資器材や捜査活動の各種用具など警察活動に必須の道具を多量に飲み込む

クラウンパトカーの室内。センターコンソールの下部に速度取締用機器(ストップメーター)を設置、助手席グローブボックスには警察無線やナビなどを搭載。ベース車で設置される木目調パネルは廃止した仕様で、シート生地もビニールレザーで耐久性を重視している

トヨタ クラウンロイヤル(JZS170系)

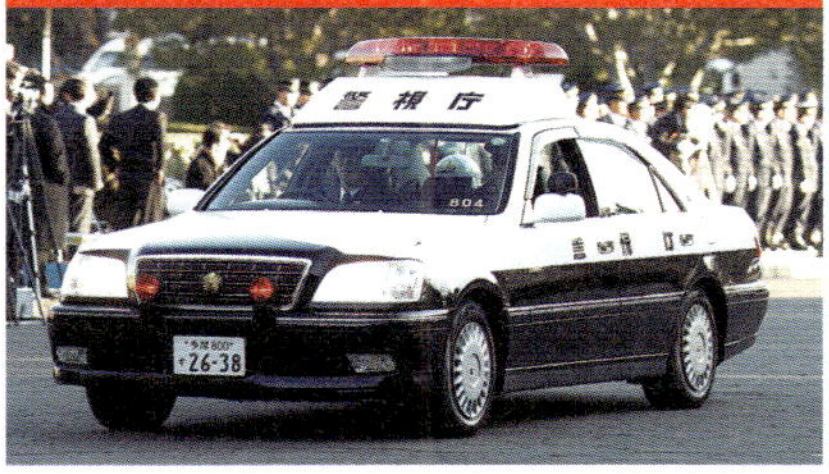

ゼロクラウンの1世代前の型式だが主力車でもある。ルーフの散光式警光灯(赤色灯)は昇降式で、交通事故現場などで周囲に注意喚起を促す

トヨタ ゼロクラウン(GRS180系)

現在のパトカー「クラウン寡占状態」を作った、2000年代前半の大規模モデルチェンジを受けたいわゆる「ゼロクラウン」をベース車とする車両。現行車から見て2世代前の型式だが、全国警察(警察庁)での調達や自治体警察ごとの導入の両面で大量配備となった。後継の200系とともに、現用主力車種だ

スバル レガシィB4

クラウン寡占状態に切り込んでいるのがスバル。ツーリングワゴンが覆面パトカーとして採用された例もあり、レガシィは意外や「パト化」され、歴代のB4は人気だ。現行B4も、1台あたり300万円を切る入札価格で成立したと言われ、全国配備されている。4WDであり、荒天下の気象状況でも操縦安定性が高く、安定した機動力を発揮する。ミドルクラスの中でも大柄な車体は人員・物資とも積載性が高く使い勝手も良いはずだ

日産 スカイラインR34 GT-R

埼玉県警はスーパースポーツ車を持つことで有名。とくに歴代GT-Rを配備し、この高速隊のR34もその1台。一時期はR34だけで5台も導入していた。埼玉は東北道や関越道、外環道など重要交通インフラを抱えることから、交通違反等への抑止力としてスーパースポーツパトカーを採用しているといわれる。一方で、自動車メーカー等による「寄贈」で、広義のPR戦略の一環とする説もあって、理由はひとつではないようす

マツダ RX-8

高速道路や幹線道路などでの安全維持や取締を行なう高速隊や交通機動隊にはスポーツカーベースのパトカーが配備されることが多い。このRX-8も警視庁交通機動隊に配備された1台だ

スバル インプレッサWRX STi

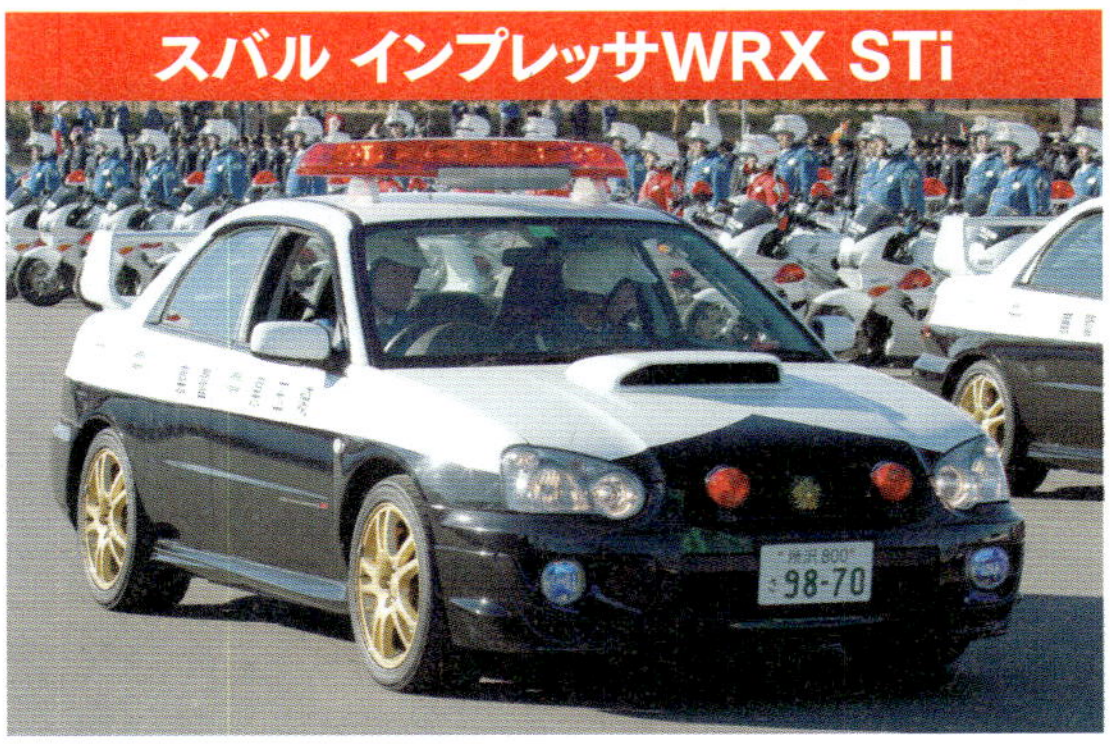

インプレッサをパトカーにしたのも埼玉県警が早かった。以後、同警以外にも導入が始まったため、スバルの積極攻勢型提案公募(入札)だったと考えられる。超高機動車である本車は、車社会である埼玉圏内ドライバーにとっては大きな「脅威」であり、GT-Rとともに抑止効果を一定量構築していると思われる

地味な車種で犯罪を断つ！
捜査系覆面パトカー

覆面パトカーは私服警察官・捜査員が乗務し捜査活動のアシとするもの。秘匿性が優先され地味な車種でありながら、走りの良い車が選ばれる傾向が見られる。

写真・文●貝方士英樹

日産 スカイライン（V35）

全国的配備が進んだスカイライン、埼玉県警機動捜査隊へ大量導入されたのがきっかけだった。広い室内空間や動力性能、乗り心地の良さ。これらが覆面としての使い勝手の良さに繋がり、好評となり、メーカーセールスとも合致したのかもしれない

ホンダ アコード

古くはなったが捜査系パトカーの代表車で、各都道府県警で採用されている。全国配備数の約3割が4WDといわれ、天候を問わず刑事のアシとして活躍中だ。街に溶け込む地味な外観が捜査活動に合っている

日産 ブルーバード

地味で走りの良いクルマの代表格。ベース車の最終型式モデルが2000年代前半に大量導入された。が、いかんせん旧式化しているので順次退役も進む。かなり地味だが機能は充分で、いまだ現役を張らせる例もあるらしい

マツダ カペラ

アテンザの前世代車で、まだ活躍中のようす。警視庁では捜査系覆面のほか、機動隊の警戒車としても使われていた。鉄チン（鉄製の意味）ホイールの仕様がいかにも入札用廉価版といった風情。逆に目立ちそうだが……

マツダ アテンザ

マツダも警察車両への攻勢に積極的なメーカーのひとつだ。旧世代のアテンザも覆面として全国で導入実績がある。走行性能と中型の車格が使いやすく「ちょうどいい」感がとくに現場捜査員に支持されているらしい

トヨタ アルファード

ミニバンを「パト化」する例の1つが本車。警視庁機動隊での導入例は、逃走犯などに対し塗料弾（ペイントボール弾丸）を発射、目印とし追跡する用途の車両に使われたようだ。サンルーフから乗り出した隊員が保持するのがその専用銃と思われる

トヨタ アリオン

中級セダンが「覆面パト化」しやすい、代表例がこのアリオン。覆面の多くはリアウインドウ左右に車載テレビアンテナを装着しているが、これはTV用アンテナに艤装した警察無線用アンテナだ。識別点の1つとなる

ホンダ CB1300P

VFRの後継機種となるのがこのCBで、配備が進んでいる。排気量1300cc、並列4気筒の大型エンジンを抱える車体はラージサイズで、存在感もまた大きい。白バイ隊員の中でも班長・先輩クラスに供給され始め、いまや一般隊員もこれを駆る

スズキ GSF1200P

カウルに組み込まれた赤色灯など個性的な外観が特徴。大排気量白バイの先駆であるが、その配備は警視庁や千葉県警など関東圏に偏っているようだ

ヤマハ FJR1300

新型白バイとして導入された1台。車体前面／側面の赤色灯は小型LED化されているのが画期的。ベース車のFJR1300は大型ツアラーとして定評があり、世界各国で白バイとして導入されるなど高い評価を受けている。大柄だがクセの少ない操縦安定性が光っている

神技テクニックで無法者を確保! 白バイ

公共の道路上の秩序と安全を守ることが任務である白バイは交通機動隊の主力。操るオートバイは1000ccを超える大排気量化が最近の特徴だ。

写真・文●貝方士英樹

災害対応用オートバイ

ヤマハ トリッカー

警視庁機動隊に配備された災害対応用オートバイ。災害時、建物の倒壊で道路が閉塞した状況を想定、走破性を求めてオフロードバイクの配備が進んでいる。主に初動を担い、情報収集や偵察活動などを行う

スズキ ジェベル

千葉県警の例。災害時のレスキュー系車両としての用途に加え、交通系の統制・維持復旧にもオフバイクの機能は有効であり、交通機動隊にも配備が進んでいるようす

白バイの基本専用装備

●ストップメーター

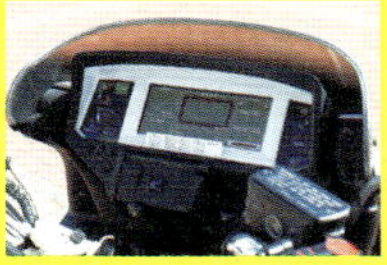

白バイの基本専用装備その1。VFR800Pのメーターパネルに見る「ストップメーター」。この装備は速度違反車を追尾して相手方速度を計測する装置。自車の速度計等と一体式デジタルメーターだ。他社製白バイも同様の装備を備えている

ホンダ VFR800P

現役主力白バイの一台。VFRは永らく主力を努めたが、後継のCB1300へと代替が進んでいるようすだ

●伸縮式赤色灯（警光灯）

白バイの車体後部に装着された赤色灯はポール部が伸縮する。違反車を停止させ、その背後でコレを延ばし、赤色灯を点灯回転させ周囲に注意を促す

犯罪、災害から国民の安全を守る! 特殊車両

社会平和と治安維持のため混乱した現場へ投入し事態の回復を図る特殊車両を警察は保有運用している。その多くは機動隊に配備され、機動隊員の警備パワーを効率的に発揮する装置となっているのだ。また、大規模自然災害の現場で各種の救助活動を行う災害対応車両も持ち、頼れる存在でもあるのだ。

写真・文●貝方士英樹

多目的災害活動車

車体前部のドーザーショベルで道路等の啓開作業を行ない、後部のクレーンと荷台で重量物の移送が可能な災害対応車両。ベース車はダイムラー社製「ウニモグ」

災害対応用バケットローダー

建設機械や重機車両も機動隊には配備されている。豪雪災害時の除雪や道路整備、土砂・地震災害等での堆積物処理などにも対応できる装備だ

水陸両用車

警視庁機動隊に配備された水陸両用車は水上を約7ノットで浮上航行できるもの。ドイツ製。通称「アンフィレンジャー」と呼ばれている

機動救助車

人命救助のための資器材を搭載したレスキュー車。機動隊の勢力は大規模自然災害で管轄の枠を超えて出動する広域緊急援助隊にも組み込まれている

騒音測定車／危険物検出車

左の騒音測定車は街頭宣伝車などの拡声器音量を格納式集音器で測定する。ベース車は三菱デリカ。右の危険物検出車はX線投射装置を使い爆発物等を発見する

遊撃放水車

ルーフの回転式放水塔から放水を行なう暴徒鎮圧等を目的とする機動隊車両。消火活動にも対応可能

化学防護車

化学剤や生物剤等の検出資器材や分析機器等を積載、防護スーツで完全装備した機動隊員により化学・生物剤(兵器)等が使用された犯罪現場で活動可能な専用車両

NBCテロ対策車

各警察とも従来まで「化学防護車」等として保有した装備を発展させ「NBCテロ対策車」と進化させる例が多い。核・生物・化学兵器による事態に対応可能。気密揚圧構造などを持ち、検出分析機能などを搭載する。隊員は防護服に身を包み、現場作業を行うことが可能だ

特型警備車

暴徒鎮圧用途などに投入するいわゆる装甲車。各窓に可動式防弾板が設置され、側面や後部、天井に覗き窓と銃眼を持つ(最新仕様では天井防盾と銃眼は旋回式砲塔様に発展しているという)。三菱ふそう製2トントラックなどを基礎とする。写真は警視庁機動隊のもの

小型投光車

天井に伸縮式大光量照明を設置し、夜間活動に投入されるもの。指揮車の派生版としてランクルベースで改造開発されることが多かったが、千葉県警のこの投光車は、ハイエースを改造しているところがおもしろい

指揮車

機動隊各部隊指揮官が乗り指揮執行や対象の動静監視、大型拡声器を使った群衆統制などを行うため、天井に指揮台を設置する。指揮車には代々、トヨタ・ランドクルーザーが使われ、これもランクル100がベースだ

爆発物処理車

車体後部に密閉式耐爆構造の危険物等格納装置を搭載、冷温処理するためのガスボンベも搭載する。機動隊の爆発物処理班(と専用処理車両)に随伴、危険物を移動させることができる。2トントラック等がベースとなる

白バイ ホンダ GL1500

国や警察の式典、マラソンなどのイベントでパレードの先導役となるのがこの大型白バイ。1500ccという白バイ最大排気量と巨大な車格で式典の品格を演出する。交通取締など一般白バイのようには使われない

貴賓専用車

貴賓専用車 警察高官やVIPなどを各種の式典での送迎等に使用する車両。多くは写真のような大型外車でオープン仕様

警視庁音楽隊車両

いすゞ製中型トラック(フォワード)を使用したもの。音楽隊の楽器を収納し移動するアシ。写真のように後部可動式ランプで大型楽器を揚収できるほか、車内は楽器に合わせた棚部が作られ収納される。警視庁マスコット「ピーポくん」とイメージカラーが施されているのが目印だ

警察は空も守る！

航空隊ヘリコプター・その1

警察は航空隊も組織し、監視や情報収集、救助活動などを行う。写真は千葉県警のBK117型ヘリ。川崎重工とユーロコプターの共同開発機で民生用を改装導入。ヘリテレと呼ばれる撮影・画像伝送装置を搭載し、現場状況を本部等へリアルタイムで送信することができる

航空隊ヘリコプター・その2

千葉県警のAS332シュペルピューマ大型ヘリ。ヘリテレ装置等を搭載、監視や情報収集、救助活動などを行う。本機は消防や海上保安庁、自衛隊にも導入されているヘリ界の名機。大型機ならではの機能を活かし、多目的に運用されている

武装品で悪と対峙！ 装備・征圧具

写真・文●貝方士英樹

機動隊の盾

従来型が金属製の盾（大盾）であり機動隊のシンボルにもなっている。現在は樹脂製透明の新式盾の導入も進んでいる

特殊警棒

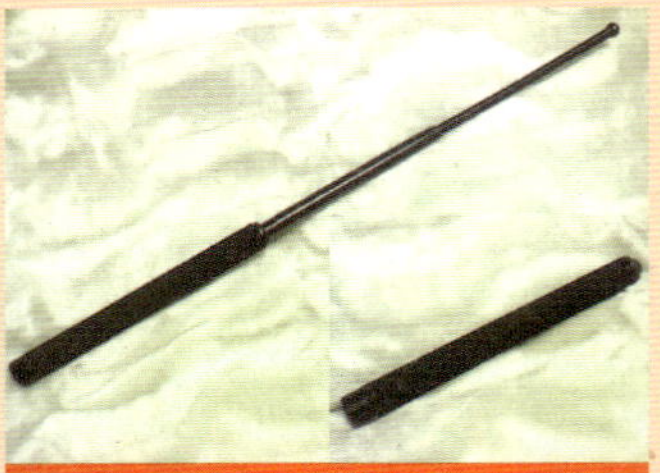

金属製で伸縮式の警棒。縮めて左腰の専用ケースに格納し携帯する。振り出したときの最大長は約60㎝前後といわれる。素材や細部の違いが各警察採用品に見られるというが定かではない

刺股（さすまた）

対暴漢等への制圧具。写真のように複数で多方向から制圧すると効果的。古来よりある武具の一種で、交番や警察署などに用意されている。警丈（中尺棒）などとともにパトカーへ車載される例もあるという

機動隊といえば「盾」。従来は金属（ジュラルミンとされる）製の大型盾だが、近年では、樹脂製の透明盾も導入されている。防弾性もあるとされるが、具体的なスペックは当然、秘匿されている。一方、一般警官の装備といえば警棒。とくに伸縮式の特殊警棒と呼ばれるものが定着した。殴打や打突などで凶器を無力化したり、棒体を利用し相手の関節をキメたりなどの運用術もある。そして、交番などに備えられているのが「刺股（さすまた）」。先端がU字型の長尺棒である。暴漢などに対峙するさい、間合いを取りながら動きを封じることができる非殺傷武具といえるものだ。体幹や首、肩関節などを押さえ込まれると、まず逃れることはできない。

大峯泰廣（おおみね・やすひろ）インタビュー 前編

宮崎勤事件、オウム真理教事件……

警視庁捜査一課「エース捜査官」が語った「刑事一代」

警察官の人生、刑事の仕事とはどういうものか。昭和から平成にかけ、警視庁捜査一課のエース捜査官として活躍した元刑事が語る、捜査のエピソード。犯罪捜査の原点から、時代とともに変容する警察のあり方に言及する。

取材・構成●赤石晋一郎

PROFILE

大峯泰廣（おおみね・やすひろ）

1948年、東京生まれ。元警視庁捜査一課管理官、理事官（捜査一課ナンバー 2のポジション）を歴任。警視総監賞を多数受賞し、捜査一課のエース刑事として活躍。宮﨑勤事件、オウム真理教事件、地下鉄サリン事件など、さまざまな重大事件の捜査を担当。容疑者を自白に導く取調べ術に長け、多くの難事件を解決に導いた。

今も鮮明に思い出す「宮崎勤」完落ち

私が刑事として担当した事件のなかで、特に印象深いのは宮崎勤事件だな。

宮崎勤事件は1988年から翌89年6月にかけて次々と発生した「東京・埼玉連続幼女誘拐殺人事件」のことだ。当時、幼女の遺体を切断する残忍性、そして「今田勇子」という偽名を使って犯行声明を出す劇場型犯罪は日本中を震撼させた。子どもを4人も殺し、バラバラにするという事件はそれまでなかったものだ。

当時の私は深川署に設置された「東京・埼玉連続幼女誘拐殺人事件」の捜査指揮本部にいた。そのとき八王子署で幼女に対する強制わいせつで宮崎勤という男が逮捕されたという一報が入ったんだ。

私は「俺が調べます！」と立候補して八王子署に向かった。なぜかと問われたら、刑事の勘が働いたとしかいいようがない。今思えば、組織プレーからは外れた行動だったと思う。だが、そうした個人プレーが、事件解決に繋がったんだ。

ビデオが山積みになった宮崎の自室は社会に衝撃を与えた

宮崎勤事件には〝猟奇事件〟のハシリというイメージもあるが、その実相は違う。

私が八王子署で取調べをしたとき、第一印象の宮崎はおとなしい青年に見えた。しかし、調べを進めていくとその犯行動機は利己的なものであることがわかっていった。4人もの子供を殺害した動機、それは「わいせつ目的」だった。

宮崎ははじめ、取調べのなかで「自分の子どもにしたかった」と供述していた。だが、その言い分には論理性がないんだ。彼が所蔵していたビデオを検証していくと、性器にいたずらしている様子が映っている。犯行時に自慰行為もしている。

2008年に宮崎の死刑が執行された

私は厳しくこう追及した。

「（動機は）わいせつ目的しかねえじゃねえか」

宮崎は「恥ずかしいです」と言って黙り込んでしまったよ。

宮崎はロリコンだと世間では思われているがそれも違うんだ。彼は大人の女性にも興味があったし、実際に大人の女性の盗撮もしている。これは彼がロリコンじゃないことを示している証拠だ。要は成人女性に対してできないことを幼女に求めた。なぜ宮崎が幼女に行ったかというと、子どもは騙しやすいからなんだ。

私は取調べで犯人を〝落とす〟こと、つまり自供を引き出すことが得意だった。なぜ犯人が犯罪を起こしたのか、その「動機」を知りたかったし、落とすことで全てがわかる。私は宮崎を半日で落とした。彼を問い詰めて行く毎に、彼は黙りこくっていった。やがて小鼻がピクっと動くなど、表情に変化が出た。

「私の話を黙って聞いてください」と宮崎が言い出した瞬間を、私はいまでも鮮明に覚えている。彼はそれから犯行を告白し始めたんだ。

刑事の基礎は「留置係」から

刑事の仕事は一言でいえば、捜査して犯人を検挙することだ。

交番勤務の警察官との違いは、刑事は令状を取れるが、交番のおまわりさんは取れないので現行犯逮捕しかできないという点にある。

では刑事にはどうやってなるのか。そこは実績が評価される世界になっている。私の時代は特にそうだった。

まず警察官の多くは交番勤務からスタートする。そこで自転車泥棒を捕まえたり、交通違反を見つけて切符をきることで点数をあげていく。そうしたなかで実績を上げた人間が、推薦される形で「刑事養成講習」へと派遣されることになるんだ。

刑事養成講習を受けることが刑事への第一歩となる。約半年間の講習では「座学」で法律を、「実務」で捜査の基本を教わる。

例えば実務では質屋まわりをする。質屋の台帳を見ていき盗難品がないかをチェックしていくんだ。時計の機械ナンバーをメモして、捜査担当に照会をかける。そうした手続きも含めて実務講習で学んでいくんだ。

私の時代は講習を受けて、まず留置係に配属されることが多かった。昔、留置係は刑事課の業務だったんだ。だから新人はまず留置係を担当させられた。

留置係を経験することで、日常的に犯人と接することになる。そこで彼らの心理を知ることで、犯罪心理学を学ぶことが出来るんだ。そうした経験は、後の捜査や取調べで大いに活きることになる。

現在は、留置係業務は刑事課から切り離され警務課の管轄になった。捜査と留置係の業務を分離するという方針のもと、組織改編がなされたためだ。だから最近の刑事は留置係を経験しないまま、刑事になる人間が増えた。捜査には犯罪心理学のベースは必要だ。当時を懐かしむ訳ではないけど、刑事には留置係の経験は必須なのではないかといまでも私は考えている。

刑事のスーツは年2着「支給」

刑事の基本は窃盗犯捜査だ。

新人刑事の場合、まず窃盗犯捜査に従事することが多かった。いわゆる、〝泥刑（泥棒刑事）〟だ。

なぜ基本なのかと言うと、犯罪統計上いちばん多いのが窃盗犯だからなんだ。泥刑をやることによって、指紋、携帯電話の発着信履歴、土地勘情報などの各種照会の捜査手続きを覚えていく。捜査の基本を身につけることができるんだ。そして窃盗犯を取調べることで、窃盗犯には常習性があるとか、どのような時に犯行に手を染めるかなどを覚えていく。つまり犯罪心理学を、捜査を通じて学んでいくんだ。

たとえば宮崎勤事件では、彼が誘拐・殺害事件が発生した場所周辺に〝土地勘〟があったことが取調べで判った。それが事件解明の端緒となったんだ。泥刑などで捜査経験を積むことによって、肌感覚でそうした犯罪に対する〝筋読み〟を覚えていく。これは単純に座学で教えられるものではなく、経験やセンスによって磨かれるものだと思っている。

昔の刑事ドラマである『太陽にほえろ！』にはジーパンなどの私服刑事が登場していたが、実際の刑事の職場はそんな派手な雰囲気ではまったくない。

刑事の通常勤務スタイルは「ネクタイ」と「背広」だ。なぜかというと、刑事は捜査で普通の人から会社社長まで、様々な人と会う。いつ何時、誰と会うかわからない。

そういうときに礼を失してはいけないからスーツが基本となるんだ。だから四六時中私服という勤務スタイルはありえない。

　勿論、捜査上の都合で私服勤務するということはある。たとえば張込みでは私服で張り込むということも多い。住宅街で昼間から張込むときは、プータロー風の格好をしたり、オフィス街では運送屋の格好をしたり。街に馴染む服装を選ぶ。そういう意味では原則はスーツだけど、ケースバイケースで服装は変えるということなんだ。

　先にも言った通り、スーツとネクタイ、それに革靴も刑事の正装だ。あまり知られていない話なのだが、刑事はスーツと革靴を警視庁から支給されるんだ。スーツは年2着を定期的に仕立ててもらい、革靴は刑務所で製作されたものが支給される。それでも捜査で走り回るので、スーツも革靴もすぐボロボロになってしまう。結局、自分で買い足すことになるんだ……（笑）。

　いまの刑事ドラマはOBが監修に入るようになり、昔と違いドラマもリアリティを追求するようになった。それでも事実と異なる部分はある。たとえば取調室の構造だ。刑事ドラマの取調室には机の上にスタンドライトがあったり、壁には窓があるケースが多いが、実際の取調室に窓はない。机の上に置いていいのはメモ用紙だけと決まっているのでスタンドもない。鉛筆も置いてはだめ、というのが原則なんだ。

　刑事になるためには、交番勤務時代から実績を上げておくというのが一つ。あとは本人の性格が重要となる。

　粘り強く、物事に動じない人間であり、行動力があり向学心のある奴が向いている。刑事養成講習に行く前には適性検査もある。刑事向きの性格かどうか、そういう面も計られるんだ。

　刑事は変死体も扱うから、腐乱死体に遭遇することもあるし、列車事故の死体を検死することもある。非常に凄惨な現場から捜査を始めなければならないケースが多い。仕事もハードで、一般的に言うと3K（キツイ・キタナイ・カッコワルイ）仕事と言われても仕方がない部分はある。だから、そこでもめげない忍耐力が大事になるんだ。

捜査一課の「チームプレー」とは

　一方で刑事のやりがいとは何か。

　格好よく言えば、社会から犯罪をひとつでも多く無くすことが、刑事の仕事だ。要するに犯人を捕まえるということだ。捜査を重ねてホシ（犯人）が割れたとき、そして取調べでホシが落ちた（自供した）ときは、やはり刑事としてやりがいを感じる瞬間だな。

　私は刑事として長く警視庁捜査一課に勤務していた。捜査第一課はご存知のように殺人、強盗、暴行、傷害、誘拐、性犯罪などの凶悪犯罪を扱う部署だ。刑事としては、捜査一課は花形部署と言っても過言ではないだろう。

　そのなかで多くの捜査一課長に仕えてきた。

　特に思い出深いのは寺尾正大（元警視庁刑事部捜査第一課長、元警視庁生活安全部長）さんだ。

　寺尾さんの特徴は良きリーダーであり、良きプレイヤーであったことだ。

　警視庁の捜査一課長は、所轄、捜査一課員を束ね、事件捜査の指揮を執る立場だ。実力と人望を兼ね備えた人がなるケースが多い。

　実際に寺尾さんのアドバイスや指示は的確だった。彼は私の取調べ技術に信頼を置いてくれていて、事件のキーマンや重要人物の取調べを私に一任してくれた。

　オウム真理教事件の地下鉄サリ

寺尾正大・元警視庁捜査一課長

警視庁最大の試練となった「地下鉄サリン事件」（1995年）

ン事件は、寺尾さんが一課長として指揮を取った大事件の一つだ。1995年3月20日に発生した地下鉄サリン事件は日本犯罪史上、最悪のテロ事件と言われている。地下鉄で猛毒のサリンが撒かれ多くの死傷者が出た。事件を引き起こしたのは新興宗教団体であるオウム真理教だった。寺尾さんはオウムのサティアンが集まる上九一色村への強制捜査から、麻原彰晃（オウム真理教教祖・2018年死刑執行）逮捕まで事件解明への指導力を発揮した。

私ははじめ寺尾さんから「麻原の取調べを頼む」と指示を受けていた。しかし、オウムの捜査を続けていくうちに方針を変えることになった。麻原は自供しないだろう、という判断を寺尾さんがしたんだ。

そして私はサリン事件のキーマンである土谷正実（18年死刑執行）の取調べを担当することになる。

麻原のマインドコントロール下にあった土谷の取調べは難航した。最後は「麻原を助けてやれ」と、その信仰心を利用する形で自供を引き出すことに成功した。土谷は筑波大学大学院まで進学した、真面目な男だった。それが狂信といってもいいほどオウム真理教を信奉してしまったが故に、麻原の『自分の帝国を作りたい』という妄想と本心に気づくことができなかった。麻原みたいな馬鹿な男に騙されてしまうウブさが、土谷にはあった。

エリート学生だった実行犯の土谷正実

なんとか土谷を落とすことができて、私は正直ホッとしていた。寺尾さんの信頼に応えなければというプレッシャーがあったからだ。

寺尾さんは捜査一課長として、常に個人プレイヤーを欲していたし、個性ある刑事を使いこなすのが上手かった。

私もどちらかといえば、個人プレイヤー側だったと思う。捜査の筋読みや、取調べには自信があった。管理官になっても自ら取調べをすることが多かった。管理官は係を束ね捜査指揮を行うポスト。だから管理官でありながら、直接捜査も行うという私のスタイルは異質だったと思う。

現在の捜査は時代とともに変容している。個人プレイヤーの存在が許されなくなりつつあり、「組織が一丸となって捜査する」という方針が警察の主流になっている。野球で例えると王、長嶋のようなスタープレイヤーはいらない。チームプレーに徹する選手だけで野球をする、ということだ。

もちろん組織プレーの良さはある。力を結集することによって捜査をすることは悪いことではない。大捜査網を敷いて犯人を炙り出すというのは捜査の定石だろう。

一方で一刑事の情熱によって解決できた、という事件もあるんだ。宮﨑勤事件もその一つだったと思う。

犯罪解明に執念を燃やす個性的な刑事が、事件現場にはまだまだ必要ではないかと私は思っている。

第2章

警察官という人生

地方公務員、あるいは国家公務員として職務に臨む全国の警察官。固い団結と恵まれた待遇によって「警察一家」の秩序は保たれている。職業としての警察官をあらゆる角度から検証する。

警察官になろう!

採用試験の合格倍率は7倍から10倍

重要視される「身上調査」。警察官の子供が合格しやすいのは本当

取材・文●西本頑司　写真●産経新聞社

採用制度に隠された意外に厳しい条件

警察官は、毎年、1万5000人が新規採用されている。その意味では狭い門とはいえないが、その合格倍率は7倍から10倍といわれ、誰もが簡単になれる「広き門」ではない。とくに警察という特殊性ゆえに他の公務員職にはない「裏条件」が存在するからだ。

まず警察の採用は本庁＝警察庁に入庁する国家公務員と警視庁および各道府県の警察本部が採用する地方公務員がある。警察庁に入るには、他の省庁同様に国家公務員総合職（旧Ⅰ種）に合格するか、国家公務員一般職（旧Ⅱ種）に合格し、志願届けを出して採用される必要がある。こちらは年間30名足らず、まごうことなき「狭き門」といっていい。

一方、地方公務員となる各都道府県の警察本部への採用は、県庁職員と同様に地方公務員試験を受け、合格することが前提となる。Ⅰ類（大学卒業程度）、Ⅱ類（短期大学卒業程度）、Ⅲ類（高校卒業程度）に分かれ、日本国籍を有した高卒以上の学歴を持った35歳以下というのが条件となる。

試験の難易度自体は県庁など他の公務員職のほうがはるかに難しい。実際、一般教養の筆記試験に関して県庁では7割が、この学力基準で考査するのに対して、警察志望者の1次試験突破率は7割近い。学歴や学力にそこまで重きを置いてないことがわかる。

ただし、警察官採用試験は、ここからが難しい。警察官という特性上、身体基準がある。身長概ね160センチ以上（女性は150センチ以上）、体重概ね47キロ以上（女性は43キロ以上）、視力（両目とも裸眼で0・6以上、矯正視力1・0以上）、色覚異常の有無をクリアしなければ、1次を突破しても、ここで落とされる。さらに2次では体力試験も行われる。各都道府県の警察本部によって違いはあるが、腕立て伏せ、腹筋（上体起こし）、反復横跳び、シャトルラン、握力測定、立ち幅跳び、

「特別捜査官」枠なら最初からキャリア並みの待遇に

長座体前屈などを行い、「警察官としての業務に差し支えない基礎体力」が求められる。とはいえ、普通の運動能力があれば問題なくクリアになるレベルの条件といっていい。

では、何が難しいのか。それが「身上調査」だ。1次の筆記試験から2次の「面接」までの間、各警察本部は非公開にしているものの、警察情報を元にした身上調査をしているのは有名な話だ。

まずは極左、極右団体、過激派への加入や活動歴。次に犯罪歴の有無。そして反社会勢力との関係である。これは本人だけでなく、両親、兄弟、家族や祖父母という三親等まで範囲を広げて調査を行う。警察官採用試験の合格倍率が7倍から10倍というのは、この身上調査が原因になっていることが多いのだ。

実際、警察官採用試験では、1次を突破しながら2次の面接で成績優秀者が落とされ、一方でたいした成績でもない人物が採用されるためか、「コネ」や「縁故」が取りざたされてきた。とくに「警察官が親だと確実になれる」といった言説が流布している。

たしかに警察官の子供が合格しやすいのは事実であろう。それには理由があるのだ。警察官は結婚に関しても相手の身上調査が行われる。たとえ国際結婚や結婚相手の親族に犯罪歴があろうとも結婚はできるが、出世は見込めなくなる。そうした不遇な親を見て子供が警官職を希望することは少ないだろう。

つまり警察官の子供が採用試験を受けた場合、先の身上調査がクリアされているのだ。それゆえに合格率が跳ね上がるだけの話であって、縁故やコネというのは間違いであろう。

たとえば離島や僻地の公務員職は、地元出身者を優先して採用するが、警察官の場合、こうした地元優遇の措置はない。その点でも警察官採用試験は、他の公務員職より縁故やコネは少ないぐらいなのである。

武道で全国レベルになれば事実上、無試験で合格

とはいえまったくの「コネ」がないかといえば違う。抜け穴があるのだ。

武道拝命である。もともと柔道や剣道などの初段以上は1次試験の加点要素になる。これが全国大会のトップクラスとなれば、一種の「推薦枠」として機能するのだ。

とくに機動隊では「特練」と呼ばれる術科特別訓練員制度がある。術科（柔道、剣道、逮捕術、けん銃射撃その他、白バイの乗務）を振興、強化する訓練制度のことで、警察官として全国大会や国際大会、射撃などはオリンピックにも参加する。そのために柔道や剣道で全国レベルの選手となれば、この特練に推薦を受け、機動隊に所属できる。オリンピックへの出場のない剣道の強豪選手は、ほぼ特練で機動隊員か刑務官になるといわれているほどだ。一種のスポーツ推薦枠であり、形式上は試験を受けるとはいえ、事実上、無試験で警察官になる唯一の「裏技」といっていい。同様にバイクのレーサーなども特練で交通機動隊へ所属できるわけだ。

最後に新しい警官になる道筋となっているのが、1995年から始まった「特別捜査官」であろう。昨今の複雑化、国際化する犯罪に対応するため警視庁がアメリカの特別捜査官を参考に導入したもので、一般の採用試験とは別に特別な有資格や実務経験を持つ人材を個別採用する。

しかも採用者は「幹部警察官」、つまりキャリアや準キャリアとして扱う。現在では財務捜査官、科学捜査官（化学、電子系）、サイバー犯罪捜査官、国際犯罪捜査官の4分野となっている。たとえば経済犯罪を担当する財務捜査官では、公認会計士として14年以上の実務経験を持つ熟達者ならば最高で「警視」に任命する。いわばノンキャリアでは届かない階級にいきなり抜擢するのだ。それだけに採用は若干名であり、高度な専門職なだけに誰でもなれるものではない。しかし「35歳」という規定も除外し、60歳未満まで採用枠を広げたことで、35歳以上の人間にも警察官になる道が生まれた。

警察官の採用制度は基本的にクリーンであり、受験者が不平等を感じるような制度にはなっていない。その一方で「見えない採用基準」が存在するのも事実なのである。

学力以上に重視される警察組織での「適性」

■2020年度・採用予定人員［1100名］

男性警察官	
Ⅰ類	690名
Ⅲ類	245名
合計	935名

女性警察官	
Ⅰ類	115名
Ⅲ類	50名
合計	165名

すべての警察官が所属する組織

「警察庁」「警視庁」「道府県警」誕生の歴史

首都警察の「警視庁」が別格扱いのワケ

1932年の「5・15事件」で騒然とする当事の警視庁前

取材・文●西本頑司　写真●共同通信社

日本の近代警察の母体は「警視庁」

警察庁、警視庁、各道府県警察本部。その違いについて理解するのは意外に難しい。

簡単に説明すれば、警察庁が「国家警察」であり、それ以外は各自治体が管轄する「地方警察」となる。警察庁は国家公務員、それ以外は地方公務員。その意味で東京都が予算を出す警視庁は、本来なら「東京都警察本部」が正しい呼称となる。「庁」はもともと国家機関に使う用語であることからも警視庁が特別扱いになっていることがよくわかる。

なぜ、警視庁は別格なのか。多くの警察関係書籍では「首都警察」としての特別な役割を担っているからと説明する。たしかに東京は世界最大級の都市圏である。それを守る警視庁は自然と規模も大きくなり、所属警察官は4万7000人とほかの県警とは倍以上の規模を誇っている。また要人警護のスペシャリスト「SP」が警視庁警備局警備課所属なのも政府機関が集約する首都警察ならではの機能の一つであり、スパイや反政府組織を捜査する公安警察（道府県警では警備部）も警察庁から独立した「公安部」として持ち、警視庁独自の捜査を行っている。

警察組織のトップは警察庁長官だが、警視庁のトップ職となる「警視総監」は同格の扱いを受ける。警視総監から警察庁長官にはなれないのはそのためだ。

これほどまで警視庁が別格なのは、日本の近代警察が「警視庁」を母体にしてきたからであろう。明治維新後、当時の新政府は幕藩体制から中央集権化するにあたって、フランスなどの欧州を手本に近代警察組織を導入した。それが1874年に設置された「東京警視庁」だ。この東京警視庁をお手本に各自治体にも知事が指揮監督する「府県警察部」が設置され、これが戦後、各県警本部となっていくわけだが、これら地方の警察部との違いは、警視庁が内務省の管轄にあった点であろう。

キャリアが事件捜査をするのはあくまでもドラマでの話

旧内務省は、今の省庁の区分でいえば、総務省、厚労省、国交省、警察庁、警視庁、消防庁となる。「官庁の中の官庁」という巨大な政府機関、官僚組織の本拠地と呼ばれる。その「内務三役」と呼ばれる重職が「内務次官」「警保局長（警察庁長官）」「警視総監」だった。この警保局とは、現在の警察庁に当たる警察行政を司る部署のこと。それに対して警視庁は内務省への移管後、警視局と改称し、首都警察としての実働部隊となった。実際、1877年の西南戦争時に警視庁は「抜刀隊」を組織したように、軍とは違う内務省独自の武力組織であり、予算を出す東京府から完全に切り離され、内務省の一部局として活動した。トップがそれほど重要な働きをしていたことが今現在も警視庁が別格である理由なのだ。

「警察庁」のエリートたちは霞ヶ関の官僚たちと同列

内務省時代の警察庁＝警保局は、警察に関する予算申請、法令の整備など警察行政のみならず、特別高等警察、俗に「特高」と呼ばれた治安警察を管理していた。諸外国のスパイや反政府組織の捜査と治安維持を目的とした「秘密警察」色が強かったこともあり、戦後、GHQの強い方針で特高警察は解体される。しかし悪化した治安回復の必要性から新たに「公安警察」が生まれ、国家警察である警察庁が指揮監督している。各県警本部に配属する公安部門は国庫から予算が出るよう警察庁の管理下にある。昨今、話題になった戦略物資の違法輸出や外国人による産業スパイ、情報漏洩などを捜査する外事課、テロ対策に特化した国際テロリズム対策課なども公安警察の重要な部門となっている。

とはいえ警察庁は国家警察としての側面より、現状では警察官僚の色合いが強いのも事実だろう。警察庁の仕事は警察に必要な予算の申請であり、新たな犯罪に対応する法の整備、捜査を円滑にする組織の運用にある。その意味で警察庁の上層部を形成する国家公務員総合職（旧国家Ⅰ種）に合格した500人に満たないキャリアたちは、霞が関の官僚たちと同列にあり、「警察官」ではなく警察官僚なのである。キャリアが事件捜査をするのは、あくまでもドラマでの話。彼らに求められているのは、犯罪捜査ではなく、現場の犯罪捜査のための予算確保と組織づくり、その組織を円滑に運用する役人としての役割なのだ。

戦前と戦後で最も変わったのが地方警察の拡充であろう。戦前、各都道府県や外地に「警察部」として設置されていたが、地方警察としての独立性は低く、特高警察などを通じて内務省の強い影響下にあった。これを危惧したGHQは地方分権による民主的な地方警察の設置を強く求め、1947年、1600の市町村が管轄する自治体警察が誕生するが、結局、予算不足で失敗。1954年、自治体警察を整理統合し、旧警察部を拡充する形で現在の各都道府県の県警本部が生まれる。各県警本部の上層部は警察庁のキャリア組が占めることで全国一律の組織運用と捜査ができる反面、各自治体が監督するために広域捜査などで各県警本部の合同捜査が難しいという問題を抱えることになった。

こうして見ていくと旧内務省から独立しただけであって、警察組織は旧内務省時代と、さほど違っていないことがわかる。

警察組織の歴史

1871年	東京府に邏卒《らそつ》が設置され、近代警察が始まる
1871年	警察権の一括のため司法省警保寮を設置。のちに内務省に移管
1874年	首都警察として東京警視庁を設立
1875年	各府県庁に第四課（警察担当）を設置
1954年	現・警察法が改正され、警察庁と警視庁・道府県警察の現行体制に

いくら犯人逮捕でどんどん活躍しても出世や昇進はしない！

業務上の成果より「昇進試験」の是非で決定

警察官の出世

取材・文●西本頑司　写真●産経新聞社

現場仕事の手を抜いて勉強すれば出世する

警察官の昇進は、一般企業とは違う論理で成り立っている。

民間企業ならば出世の早道は業績を上げることだ。しかし警察の世界では、犯人逮捕でいくら活躍しようとも出世や昇進に直結はしない。刑事ドラマでもおなじみのネタであろう。

なぜなら警察は「法の番人」を第一義にした組織だからである。

交番勤務の「お巡りさん」と凶悪犯を捜査する刑事では、当然、業務上、運用する法律（刑法）の範囲が変わってくる。刑事は、常に自分たちの捜査が法の適用内なのかを理解しておく必要がある。とくに現場を指揮する立場となればなおさらだろう。違法な捜査で脱法者を逮捕することは法治国家では許されないためだ。

つまり昇進して権限が上がれば、それにともない理解すべき法律の範囲も広がる。警察官の昇進には常に「法律の理解と運用」を確認する必要がある以上、警察官の出世は業務上の成果より「昇進試験」の是非で決めるしかないわけだ。現場でどれだけ活躍しようと試験に合格できなければ平巡査のままとなるし、逆に現場仕事の手を抜き、試験勉強をしっかりやれば、どんどん出世する。一見すれば不条理なシステムも「法の番人」を第一義にしていると考えれば、致し方ない面もあるわけだ。

この「法の番人」の要を担うのがキャリアである。だからこそ彼らは破格もいえる出世街道をひた走るのだ。警察官25万人の頂点に立つのは、最も難関な国家資格（キャリア）である国家公務員総合職（旧Ⅰ種）の合格者たちである。その数、わずか500名足ら

ノンキャリアの最終的な「上がり」は警察署の署長職

ず。彼らは卒配後、警部補からスタートし、ノンキャリアのゴール地点となる警視正に、わずか30歳前後で昇進することで知られている。彼らは警察上層部として犯罪捜査に必要な「刑法」改正の草案を作り、法律の適用範囲を「決定」する。この法の運用こそ最も重要なのだ。

　たとえば交通規則を厳格に適用すれば、自動車免許を持つ人はほとんど犯罪者となる。かといって適当な運用は法の不公平感を生じさせる。

　国家の治安のために、いかにして効果的な法運用をするのか。それを決めているキャリアたちは日本でも有数の「法のスペシャリスト」の適性を持つ人材が集められている。東京大学を筆頭にした有数の法学部出身者など国家公務員総合職の上位合格者のみ10数名を選抜、法の番人になるべく徹底したエリート教育で警察のトップへと昇進させていく。警察庁長官と警視総監とは、「生ける法の番人」と思えばわかりやすいだろう。

　いわゆる「準キャリア」は国家公務員一般職（旧Ⅱ種）に合格した有能な人材を警察庁が採用、警察実務のスペシャリストとして育成する。卒配後は巡査部長からスタートし、最終的には警視長まで出世していく。警察組織におけるテクノクラートなのである。

「警視」以上は試験ではなく上司の推薦と査定で昇進

　ノンキャリアである大多数の一般の警察官は、採用試験に合格後、警察学校を経て卒配後は、最も下位の階級である巡査からスタートする。高卒と大卒の違いは、昇進試験のための実務経験の長さだ。高卒の場合、巡査部長と警部補への昇進試験資格には、それぞれ4年の実務経験が求められるが、大卒は2年ずつに短縮されている。ともに最短で警部補へ昇進した場合、31歳で同じになる。実はノンキャリアも、この段階までキャリアや準キャリアとそこまで差はない。キャリアでも入庁年齢が遅かった場合、30歳前後で警部や警視の階級となる。つまり警部までは、比較的、平等な昇進システムになっていることがわかるだろう。

　だが、警察組織は、ここからが違うのだ。ノンキャリアにとって警部の上の階級となる「警視」と、その上の「警視正」は大きな壁となって立ちふさがる。警部までとは違って昇進試験の結果ではなく、上司による「推薦」と勤務状況による「査定」で昇進が決まるからである。

　先に述べたよう、試験勉強により法律の理解に優れた警察官は、高卒、大卒にかぎらず30歳を越えた時点で警部まで昇進していく。ところが、ここからは、下手をすれば20年かけても昇級できない。逆にキャリアや準キャリアは、この壁をあっさりと抜けていく。キャリアの壁は警視正から警視長であり、ここで見切られると再就職という名の「間引き」の対象となり退官を余儀なくされる。

　いずれにせよ、30歳過ぎでノンキャリアが警部へ昇進するのは、当然、有能な出世頭といっていい。

ところが彼らが最終的に「上がり」となる警察署の署長職になるには、この後、20年かけて組織への忠誠と上司に対する忠実な部下であることが求められる。ノンキャリアの出世頭たちが、黙っていても組織への高い忠誠心を持つ構造になっているのだ。この巧妙な人事システムによって25万人の警察官がコントロールされているわけだ。

ドラマの世界では華々しく活躍する刑事たちの日常は!?

担当する犯罪で異なる性格・気性・外見

「刑事」という人生

事件解決を誓い世田谷一家殺害事件(2000年)の現場に向かう捜査官たち

取材・文●後藤豊　写真●産経新聞社

殺人も窃盗も変わらない執念と根気の刑事魂

「おい、小池！」——このキャッチコピーを覚えている人は少なくないだろう。2001年、徳島県で起こった親子連続殺人・放火事件で指名手配されていた容疑者のポスターである。しかし、容疑者は2012年に死亡していた。

「刑事人生をかけて手錠をかける」と執念を燃やした担当刑事の告白（朝日新聞デジタル・2019年1月13日付）からは、その無念さが伝わってきた。

　重大事件に執念を燃やす。これぞ「刑事の生き方」である。捜査本部の人数が縮小されても決してあきらめないのは、被害者家族の無念を晴らしたいからにほかならない。刑事魂、と言ってもいいだろう。

　こうした刑事の執念は殺人事件にかぎらない。新聞の扱いが小さい窃盗事件でも、その執念は同じである。

『泥棒刑事』（宝島社新書）の著者・小川泰平氏は同書において数多くの事件を振り返っている。

　捜査一課から捜査四課に渡っても解決できず、手詰まりとなった窃盗事件があった（通常、窃盗は捜査三課が担当）。同様の手口による事件が起こらず、犯人が鳴りを潜めていた矢先、別の手口による金庫破りが起こった。多くの窃盗犯は同じ手口を繰り返す。侵入方法が異なるため当初は同一犯と見られていなかったが、物色箇所や物色方法が似ていることに気がつき、現場に残された指紋を照合すると一致した。

　しかし、前歴がないため住所がわからない。いまのように防犯カメラもない昭和の末期である。自筆の脅迫状を元に、質屋にあるカードをしらみつぶしに調べた。1日で調べるカードは何と1万枚だったという。

　刑事とは、こうした地味な作業を、根気を切らさず何日も続けねばならないのである。

　ドラマでは数分しか描かれない張り込みも、数週間から数カ月に及ぶこともある。犯人がいつ現れるかわからず、同じ光景から目を離せない。尾行も、ターゲットが事件に関与していると判明する行動を、いつ起こすか定かではなく長期間に及ぶことが珍しくはない。捜査の手がかりを探る聞き込みも、違和感を覚えさせない話術が必要だ。

捜査が難航すれば休みは取れず帰宅もできない。深夜だろうと事件が起これば署に出向かねばならない。それが刑事の日常だ。

一課、二課、三課、四課で違ってくる刑事の人間性

数年前、筆者は元刑事と酒席を共にしたことがある。初対面であり詳細ははぐらかされたが、いくつかの質問に答えてくれた。

上司との対立は表面上こそないが、心の中で違和感を持つ者は少なくないという。刑事ドラマでよくある通り、上司のやり方に疑問を持っても、言葉にすると衝突が生じ、睨まれることもあるだろう。酒の席で愚痴をこぼし、気分転換を図ることがほとんどだという。

最近は酒を飲まない刑事も増えてきたそうで、仕事後の酒は飲める者同士になりがちだとか。このあたり、一般の世の中と変わらないようだ。

仲間同士や友人と連絡を取り合うためラインを使う刑事も増えているが、ＳＮＳは流出の危険性がある。重要な情報は書かず、実名や顔写真も載せない。元刑事は退職後もそうするという。また、万が一、携帯を失くしたときのためにパスワード設定は必須で、ケタ数は多いに越したことはないと語っていた。

刑事部は一課（強盗や殺人・傷害・誘拐・性犯罪・放火などの凶悪犯罪）、二課（贈収賄や詐欺、横領や脱税などの知能犯罪）、三課（空き巣・ひったくり・万引き・スリなど窃盗事件担当）、四課（暴力団担当。警視庁では組織犯罪対策部）に分かれている。二課と四課は「ヤクザ繋がり」、一課と三課は「ムショ繋がり」となりやすい。

清武英利氏（ノンフィクション作家、元巨人軍球団代表）によると、二課の刑事は犯罪の性質上、情報秘匿が重要となるという。権力者が相手となれば当然だろう。退職後もマスコミを敬遠する人が多いそうで、情報秘匿が根づいている。容疑者や捜査対象が冷静であり、捜査員としても冷静さが要求されるが、その素顔は熱くて激しいとも言われる。

『マル暴捜査』（今井良著・新潮新書）によれば、暴力団担当の刑事にコワモテが多いのは相手になめられないため。エスと呼ばれる情報提供者（近年は暴力団と親しくなれないため、共生者を運用している）と会う際の配慮でもある。外見は筋肉質で短髪、眼鏡はセルフレーム。スーツはダブルで、何より目つきが鋭いという。所持するライターはオイル式。１００円ライターなど持たないそうだ。

窃盗事件を担当する三課の刑事は「やさしい」

逮捕してもマスコミの扱いが小さくなりがちな三課の刑事は「やさしい」と言われる。前述の酒席を共にした元刑事も窃盗事件担当でどこかに優しさを感じさせたが、窃盗犯には幼少期に孤独な思いをした寂しがり屋が少なくないそうだ。出所した人物に自腹で金銭を送ったり、就職先を世話したこともある小川氏（元三課）も、自供した犯人に弁当のおかずをわけたり、タバコをあげたという。

ただ、公判などで喋られ発覚すると減給になるため、近年、こうした温情は極端に減ったとも。同様に、マル暴も昔のような付き合い方はできなくなっている。世間と同じく、刑事の世界も時代とともに変わっているようだ。

冷静さが重要な白バイ隊員
判断力が重要なSP
出世しやすい内勤
生活安全部は「何でも屋」

こんなに違う！ 部署別の業務内容①

白バイ、SPに内勤、生活安全部

取材・文●後藤豊　写真●産経新聞社

白バイ隊員の夢は「箱根駅伝」などの先導

警察の部署において人気が高いのが交通機動隊、いわゆる白バイ隊員だ。仕事の柱である交通違反取り締まりのみならず、夜間はパトカーで交通事故を防ぐための取り締まりを行い、重大事件で緊急配備が敷かれた際にも協力をする。

白バイ隊員にとって重要なのが「違反者に対する接し方」＝対人スキルだ。違反を検挙された相手はカッカしている。何を言われようと冷静さを保たねばならない。「交通事故を防止するために頑張っているのに、市民から敵視される」と嘆くことも珍しくない。同じ警察官の反則切符を切るのはもちろん、市民から通報された刑事部の張り込み車両を注意するケースもあるという。

そんな白バイ隊員は、時間を見つけて運転技術を鍛えている。走行練習に時間を費やすのも運転技術を向上させるため。そして、全国から選抜された白バイ隊員が技能を競う「全国白バイ安全運転競技会」に出場するためでもある。年に一度行われるこの大会はバランス、タイムトライアル、不整地、傾斜の4項目で競われる。個人優勝ともなれば花形中の花形である駅伝などの先頭先導が待っている。

神奈川県では「箱根駅伝」、群馬県では「ニューイヤー駅伝」が行われるが、どちらの県警でも「先導がしたかった」と花形部署に憧れた白バイ隊員が少なくない。箱根駅伝など大会当日は警備も含め150台もの白バイ隊員が動員される。選手と十分な距離を取るため、時速20キロほどの低速を保つ。違反者を追いかける際とは雲泥の速度差だ。

「テレビで見たぞ！」——駅伝終了後に激励の電話やメールが来る。白バイ隊員になってよかった、と感じる瞬間だ。

ドラマや映画で描かれるケースが増えたSP（セキュリティポリス）。警護対象は総理大臣、衆参議長、国務大臣、都道府県知事、各政党の代表者（共産党は警視庁の警護要請の打診を固辞している）、そして国賓だ。昔は目立たないのが警護の基本とされ、警護対象者から離れて警備していたが、トランプ大統領が大相撲夏場所千秋楽を観戦した際、前後左右にそれらしき姿が確認できたとおり、近年は姿を見せ威圧したり、ネクタイを赤くすることで存在を示し、襲撃を抑止している。

いつなんどき、危険なケースに遭遇するかわからないため、トップレベルのスキルが求められる。柔道や剣道、合気道で3段以上、拳銃射撃は上級、英会話もできなければならない。さらに候補者は3カ月にわたる特殊訓練で逮捕術や格闘術などを学ぶ。たとえ襲撃現場にいても、刑事のように捜査をすることはなく、極めて専門的な職と言っていいだろう。ちなみに女性SPは5パーセントほどで、体格や体力面で男性が重視されるようだ。

防弾チョッキや防刃ベストは、動きにくさから普段は装着しない。基本的に上着のボタンを留めないのも、いざというときに拳銃や警棒などの装備品を素早く取り出すためだ。

何よりも重要視されるのが「判断力」。たとえば要人が襲撃された際、防弾コートをかけて姿を隠し、自らが盾となる。最優先となるのは応戦よりも警護。様々なケースにおける「ベストな対応」が評価につながる。

試験勉強しやすい内勤 生活安全部は人員不足

白バイや刑事など花形が存在する一方で、各業務が円滑になるよう支える仕事もある。縁の下の力持ちとなる「総務・警務部門」だ。企画・広報、予算管理、留置管理、犯罪被害者支援など警察官の環境整備が業務となる。総務部は警視庁と政令指定都市のある道府県警察本部の一部に置かれている。警務部は一般企業の人事部に近い存在だ。

地味で不人気のイメージもあるが、内勤ならではのメリットがある。空き時間が多く残業が少ないため試験勉強に時間を費やせる。仕事内容よりもキャリアアップを目指す人に向いており、人材育成という重要な役割を担うのも特徴だ。

刑事と同じく、警察署に専用のデスクが置いてあるのが生活安全部。犯罪を未然に防いで市民の安全を守る「防犯のスペシャリスト」だ。地域の民間団体と連携して事件や事故などの情報を集めるほか、ストーカー相談やDV相談、近隣トラブル、悪質商法、偽ブランド、著作権侵害などの知的財産権侵害、廃棄物不法投棄、風俗店営業、パチンコや麻雀、ポーカー店などの賭博行為、不法就労なども担当する。近年では、ストーカー対策や振り込め詐欺防止も重要な職務となっている。

少年犯罪の他、児童ポルノや児童買春も担当し、「社会の安全を維持するため」の担当業務の多さは警察組織の中でもトップクラス。生活安全部が「何でも屋」と言われる所以だ。

このように様々な事案に対応するため、必然的に法令に詳しくなる。生活安全部の専門知識の豊富さは弁護士よりも上だと言われる。反面扱う事犯が多いため常に人員不足なのも現実。他部署からも頼られる存在、という面もあるという。

白バイ隊員の1日

8時～	出勤
8時30分～	副隊長に勤務申告
8時40分～	前日隊員との勤務引き継ぎ
8時50分～	会議
9時～	慣熟走行訓練・点検
9時30分～	パトロール
12時～	昼食
13時～	パトロール
16時～	訓練
17時～	バイク洗車・点検
17時30分～	違反切符の整理
19時～	夕食
20時～	休憩（仮眠・シャワーなど）
21時～	覆面パトカーでパトロール
3時～	違反切符の整理
4時～	仮眠
6時～	デスクワークなど
7時～	覆面パトカーの洗車
8時30分～	副隊長に勤務終了申告
8時40分～	勤務引き継ぎ
8時50分～	帰宅

SPとは？

【SPの正式名称】 Security Police（セキュリティ・ポリス）
【SPと呼ばれるのは？】 要人警護を専門とする警視庁警護課の警察官のみ
【SPの条件】 身長173cm以上、柔道または剣道3段以上、拳銃は上級など
【普段の訓練】 柔道、剣道、拳銃訓練、要人警護の対処訓練など
【射撃技術】 一般の警察官よりも優秀である
【拳銃】 SIG SAUER P230JP、S&W M37、H&K P2000など

女性ならではの業務の多い婦警さん。「何をしているかわからない」公安警察

こんなに違う！ 部署別の業務内容②

婦警、機動隊、公安警察 サイバーポリス、音楽隊

取材・文●後藤豊　写真●産経新聞社

職場結婚が多い女性警察官 ベールに包まれた公安警察

ミニパトに乗って違反切符を切る婦警さん（女性警察官）。全警察官における割合は全国平均で約9パーセント（約2万5000人）。警視庁では9・3パーセントだ。警部以上の階級も295人（2014年度）で、女性警察署長も全国で6名（19年3月現在）。男女雇用機会均等法などの影響もあり、ここ数年の採用は増え、名称もかつての婦人警察官から女性警察官に改められている。

タフな仕事であることから体力は必須で、女性警察官で肥満タイプを見かけることはない。警視庁の採用基準は身長154センチ以上、体重45キロ以上となっている。

女性警察官は、交通取り締まり以外にも少年少女の非行防止、広報業務、事件捜査など業務は多岐にわたる。女性容疑者の取り調べでは相手が全裸になるため身体検査担当となる。またセクハラ被害を受けた被害者のフォローも重要な役割。「男性に話しにくい性犯罪被害」を聞き犯人検挙に結びつけることもある。男性だと不審がられる場所での内偵なども重要な任務だ。

そんな女性警察官の結婚相手は「ほぼ同僚」だと言われる。仕事を理解しやすいのはもちろん、一般男性に職業を言いづらい面も大きいとか。男性からアプローチされる機会が少ないため、一般的に、恋愛に対する理想は大きくなり、結果、一途でマジメな女性警察官が同僚と結婚、警察一家となることも少なくない。

警察の一員でありながら「何をしているかわからない」と言われるのが公安警察だ。業務目的は日本の統治を支える諜報組織であり、捜査対象は左翼団体、右翼団体、宗教団体、外国人工作員、テロ組織など。一度マークされるとアシを洗っても監視対象とされ続けるという。また、刑事のように身分を明らかにせず、「身内を捜している」などと語り情報を得る。情報漏洩は業務に多大な損失を及ぼす危険性があるため、警察内でも情報交換はタブーとされている。國松孝次警察庁長官狙撃事件（1995年）では、オウム信者の警察官を事情聴取した公安部が刑事部に情報を通達していなかった。情報を知るのはごく一部のトップで、仕事内容は家族にさえ漏らせない。情報漏れを防ぐため横の連携もほぼない。

　公安を指揮するのは、ゼロ＝スパイ（協力者、内通者）獲得などを仕切る極秘の中央指揮命令センターであり、かつては「チヨダ」と呼ばれていた。組織としてはCIAやFBIに近く、その実態は現在でもベールに包まれている。

ハードな訓練を積む機動隊「地道」が基本の電脳警察

　ヘルメットをかぶりジェラルミンの盾をもち、乱闘服と呼ばれる出動服を身にまとい、帯革（ピストルベルト）を装着して日本の治安を維持するのが機動隊だ。配属警察官の数は警察の中でも最多で増援部隊を含め約1万2000人。全都道府県警察に設置されている。古くは成田闘争やあさま山荘事件、オウム真理教事件などで動員されてきた。治安警備や災害警備、雑踏警備、警衛警護、デモ対策、国際犯罪組織への対応など業務は多岐にわたる。

　爆発物処理や銃器対策、機動救助隊など技能的側面もある反面、体力勝負のため日々のトレーニングや警備実施訓練も欠かせない。水深5メートルのプールで6キロのおもりをもっての5分間立ち泳ぎや、水中にある証拠品探しのため潜水訓練も行われる。

　近年、多発するサイバー犯罪に対応するのがサイバー犯罪対策課だ。ネット上での違法薬物の販売や自殺サイト、犯罪仲間集めやアダルト画像、児童ポルノ、架空請求、ハッカー攻撃などの「違法有害情報」を取り締まる組織だ。電脳警察やサイバーポリスとも呼ばれている。

　「経験を積むと、ネット上の文章が犯罪に繋がるかどうかわかるようになる」とも。サイバー犯罪の手口は巧妙化しており、いちばん大事なのは証拠固めとなる。パソコン技術に詳しいハッカーからも情報を集めるほか、ネット上での監視から犯人逮捕に至るまでの聞き込みや張り込み、尾行などが業務内容。「地道な捜査」が基本中の基本だ。

最前線で任務に当たる機動隊

コンサートでの演奏がメインとなる警察音楽隊

　音楽を通じて市民と交流するのが警察音楽隊だ。交通安全や地域安全など警察活動に関するコンサートでの演奏がメインとなる。市民まつりでの演奏も警察を身近に感じてもらうため。いわば広報的な側面が大きい。ほかの職務と同じく、交番勤務を経た警察官の希望や適性などを踏まえて人事が決定される。

　入隊後は「新隊員特別訓練」としてマーチングの基本的動作や演奏方法などを学んでいく。警察本部との兼務は大変だが、市民や音楽関係者との触れ合いが、音楽隊のやる気となっているという。

出世できなくても最後は年収1000万円!

生涯賃金3億円以上の天国

けっこうイイ! 警察官の「年収」「退職金」「年金」

取材・文●千葉哲也　写真●産経新聞社

一般の地方公務員より恵まれた待遇と退職金

　地方公務員である警察官の給与は法律によって規定されており、役職や所属する都道府県警によって、だいたいの給与、年収は明らかである。

　警察官は、一般的に市役所や区役所、県庁で働く地方公務員よりも給料が高い。特に捜査や警備に関わるセクションでは、仕事のリスクに対する手当てや残業代が多く、給与も高くなっているというわけだ。

　さらに、退職金や年金も恵まれている。定年近くまで問題なく勤め上げれば、たとえ高卒で特に出世しなくても2000万円以上の退職金が支払われ、さらに再就職先も紹介してもらえる可能性が高い。幹部であれば、自分が断らないかぎり、確実に天下り先が用意されている。

　こうした恵まれた条件をどう見るか。警察官は、一般の地方公務員や教職員とくらべ、給与面では様々なメリットがあるが、警察官だけが公務員のなかでとくに人気が高い職種であるとはいえない。

　それだけの恵まれた待遇条件がなければ、よい人材が集まらない、定着しないということもいえる。

　警察官という仕事は、合う、合わないがはっきりした仕事である。実際、警察官として働く前、警察学校の時点で離職する割合は、都道府県警によっては15パーセント以上となっている。タテ型の組織風土ゆえ、個性を発揮したい、あるいは創造性のある仕事、自分で職務の内容をつくっていきたいようなタイプは、警察官に向いていない。

平均年収は700万円超 年功序列で給与は上昇

　総務省が発表している「平成29年地方公務員給与実態調査」を参考に、大卒で警視庁の警察官（日本の中ではもっとも給与水準が高いとされる）となり、警部補まで出世し定年退職した場合のおおまかな年収と給与を見てみる（別表

老後の心配はまったくなし 恵まれた天下りと年金

参照）。ちなみに、警部補以上に出世する割合は警察組織全体の1割程度といわれている。

　初任給から、民間の大手企業と遜色ない水準で始まり、月給に各種手当てや残業代がついて、35歳で700万円、40歳で年収は800万円近くになる。若い時には官舎に住めるので家賃はさほどかからず、早めにマイホームを購入。それも一軒家志向が強い。銀行も、警察官相手だと喜んで優遇金利でのローンを組んでくれる。

「治安情報に精通しているため、不動産の購入エリアが重複することが多い」（警視庁職員）

　警部、警視、警視正とさらに出世し、大規模警察署の署長ともなれば年収は大台の1000万円を超えるが、無欲で仕事をこなしていても、最後には900万円から1000万円の年収となっている。

　退職金はフルに勤めた場合、約2400万円。県警によって定年退職日直前に形式的に1階級昇進させる慣習があり、これによって名誉や退職金、年金を割増で受け取ることができる。この場合、生涯賃金は3億円前後となる。

　さらに警察官には「天下り」という特典もある。国家公務員であれば、基本的にはキャリア官僚とノンキャリのごく一部にしか用意されていない天下り。だが、利権の多い警察は幅広い天下り先を確保しており、地方の一般職員でも多くは交通安全協会や自動車教習所、防犯業者、各種地元企業に再就職することができる。いわば年金受給までの繋ぎ期間だ。

　定年が近づいた警察官は、警務部人事課に再就職希望の連絡書を提出。警務部は、天下りを受け入れている企業や業者、公益団体からの連絡票をもとに天下りの配置を決定し、「老後の面倒」を見てくれる。実際は退職後の天下りまでが人事システムのなかに組み込まれているというわけだ。

　ただし、近年は天下り先が先細っているほか、対外的な批判もあって一般警察官が必ず再就職先を紹介してもらえるとはかぎらないという。なお交通安全協会に天下った場合の年収は、平均で約250万円程度と言われている。

　年金については、年金制度改革によって共済年金と厚生年金が一元化されることとなったため、今までとこれからの警察官の年金受給額は異なってくる可能性が高い。

　だが、少なくとも、通常の地方公務員とくらべ警察官の年金が恵まれていることは変わらない。

　警部以下の警察官として20年以上勤務していた警察官は、「特定警察職員」として、通常の地方公務員よりも加算された年金を受給できる。

　戦後、長い時間をかけて綿密に組み上げられた「警察官」の恵まれた人生のセーフティネットは、そう簡単に崩れない。

■警察官の年収モデル

年齢	役職	月収（額面）	ボーナス	年収（額面）
23歳	警察学校	22万円	84万円	348万円
24歳	巡査	28万円	110万円	446万円
30歳	巡査長	37万円	148万円	592万円
35歳	巡査部長	45万円	172万円	712万円
40歳	巡査部長	50万円	198万円	798万円
45歳	巡査部長	53万円	219万円	855万円
50歳	警部補	57万円	233万円	917万円
55歳	警部補	59万円	241万円	949万円
60歳	警部補	62万円	245万円	989万円
退職金				2400万円

（平成29年地方公務員給与実態調査より推計）

要人のSP部隊もあくまで立場は警察官

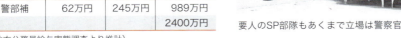

24時間体制の勤務 知られざる当番勤務 これが警察官たちの毎日

「道案内」から「凶悪事件捜査」まで

警察官の1日 ある巡査の「当番勤務」

取材・文●本誌編集部　写真●産経新聞社

1日があっという間に経過 ある巡査の「当番勤務」

国民の安全を守る警察官の業務は総じて激務だが、とりわけ現場の警察官、捜査官の仕事は体力勝負だ。

警察官には家族、家庭を大切にする人が多い。悲惨な事件や凶悪な犯罪に接すれば、日々の平凡な幸せが貴重なものとして実感できる。また、昼夜を問わず仕事に明け暮れる刑事たちにとっては、家庭こそが心身の安らぎの場であることは疑いようがない。

ある巡査の1日を紹介しよう。県警の警察学校を卒業した新人巡査は、交番勤務からスタートする。地域によって特性はあるが、基本的には管轄エリアをよく知り、地道なパトロールを繰り返す。

早朝に起床すると、自宅からはまず警察署に出勤し、着替えて拳銃や手錠などの装備品を身につけ、先輩警察官とともに交番へ向かう。

交番内で前日の当番者から引き継ぎをして、交番内を清掃。先輩や上司には新人がお茶を入れることもある。

窃盗やトラブルなどが管轄エリア内で起きると、署から連絡が入る。交番内にいても、自転車でパトロール中でも現場へ急行。適切に対処しなければならない。食事を飲食店で食べることはなく、出前か弁当を交番の内部で時間のあるときに食べる。

通常のサラリーマンであれば、夜になると仕事は終了。しかし巡査の当番勤務はまだ続く。

深夜の繁華街では、重点的なパトロール場所を巡回し、場合によっては職務質問を行うこともある。深夜になって交番に戻り仮眠。だが始発電車が動き出すころには起きて、駅周辺を巡回したり、子供

個人の力ではなく チームプレーで事件を解決

たちの通学路で安全確認を手伝う。

報告書を作成し、勤務が終わるのは24時間以上が経過した朝。こうした「修行」を数年間続けることによって、警察官は仕事のイロハを覚えることになる。

日本一の歓楽街を見守る「新宿署」巡査部長の1日

交番勤務の巡査から、第一線で捜査に当たる「巡査部長（刑事）」の1日に目を移してみよう。舞台は新宿署だ。

その日の動きは当日の状況しだいで大きく変わる。朝に署へ出勤すると、逮捕された被疑者の取調べから。警察は書類の世界で、何事も仕事を書類に残さなければならない。頭と体を同時に動かすのが刑事の仕事だ。

夜、強盗事件が発生。現場に急行し、被疑者を捜索。幸いにも犯人が確保される。夕食をとることができたのは夜10時半を過ぎてからだった。

さらに通常のパトロールを開始。新宿の場合、12時を回ってから大きな事件が発生することも多い。

未明と早朝、立て続けに傷害事件、不審者侵入の通報。指紋の収集にあたり、書類の作成を終えるとすっかり朝になっていた。

刑事にもいろいろな役割があり、大きな事件、緊急性の高い事件、特殊な事件については専従の捜査員がいる。

しかし、いずれも共通しているのは「チームプレー」だ。個人の力で事件を解決するのではなく、連携と協力で問題を解決していく。それが、組織力の底上げにもつながっている。

■交番勤務の1日

このスケジュールはあくまで平時のもの。事件や事故が起これば対応に追われ、仮眠や休憩時間は否応なしに削られることとなる。また、担当地区の細かな地理を頭に叩き込むことは必須。人気のない道や窃盗事件が多発するエリアは重点的に見回り、犯罪を未然に防ぐのが役目。地元民に愛され、信頼されることが何より大切な任務だ。

6時30分	起床
8時30分	警察署に出勤。制服に着替え、朝礼に出席
9時30分	交番に到着。前任者から引き継ぎを受ける
10時	パトロール巡回
11時	交番勤務
12時	休憩。交番内で昼食
13時	交番勤務
14時	受け持ち区域の巡回
16時	交番に戻り、勤務
19時	休憩。交番内で夕食
20時	交番勤務
21時	ほかの派出所の警察官と合同パトロール
22時	交番勤務
1時	夜間パトロール
2時	仮眠
7時	交番勤務。1日の報告書作成
7時30分	学童の交通整理を手伝う
8時	引き継ぎ作業後、勤務終了

■所轄刑事の1日

下のスケジュールは、警視庁でも最大級の署員を擁する「A級署」として24時間、事件や犯罪と対峙する新宿署の刑事課に所属する巡査部長のある1日を追ったものだ。彼らはひとつの事件の捜査を手がけるのではなく、署に詰めながら「発生モノ」に対応していくのが主な仕事となる。新宿という日本有数の歓楽街だけあって、気が安まる暇はない。

8時30分	警察署に出勤
9時	署長からの訓示
10時	署の入り口で警戒
11時30分	被疑者取り調べ
13時	休憩
14時	書類作成
17時15分	当直日のため、夜間帯勤務の訓示
19時30分	緊急配備発令。強盗事件発生
19時35分	被疑者を捜索後、犯人確保の知らせが入る
22時30分	休憩（夕食）
23時00分	パトカーで犯罪警戒地域を巡回
1時	繁華街で傷害事件の通報。出動
5時	不審者侵入の通報。鑑識の指示で指紋収集
9時	報告書など書類作成
9時30分	引き継ぎ業務後、勤務終了

警察官のトップは「警察庁長官」にあらず？ 時代とともに変容する警察の組織風土

取材・構成●赤石晋一郎

大峯泰廣（おおみね・やすひろ）インタビュー 後編

刑事になりたいと思って警視庁に入庁。だが近年は「刑事志願者」が少ないという。元捜査一課エース刑事が語る、仕事の面白さと醍醐味、警察組織の特徴。

警察学校は警察官の「本籍地」

固い絆の原点は「警察学校」

私は学校卒業後、まず専売公社（現在のJT）に入社した。しかし単調な仕事が続く日々に飽き飽きするようになった。そこで、よくテレビで見ていた『七人の刑事』という刑事ドラマを思い出し、刑事って面白そうな仕事だなぁと興味を持つようになったんだ。

だから警視庁に入ったときから刑事になりたい、という目的を持っていた。それから警察学校での座学で、捜査の授業が凄く面白かったことも大きかった。警察学校時代に、刑事になろうという気持ちが更に強まったというわけだ。

警察官は仲間意識が強い人種だ。警察官として採用された者は、まず警察学校に配属され、初任科生として一定期間の研修を命じられる。ここでの経験が大きい。大卒であれば半年間、高卒だったら10ヵ月、警察学校で組織教育をたたき込まれる。

警察の仕事は、個人で対応する仕事よりも、組織で対応する仕事のほうが圧倒的に多い。例えば、デモの警備とか、花火の警備にしても組織プレーが大事になる。要するに、「組織で対応するのが警察力」という哲学を警察学校で徹底的に教え込まれるんだ。だから、1人の失敗は、全体の責任という考え方を警察官は持つ。

たとえば、警察官が事件や事故を起こしたというニュースを聞くと、その人物が知らない人間だとしても、同僚として、なんでそんなことを起こしてしまったんだろうと気にかかるものだ。

我々の世代は警察学校時代、寮生活だった。警察官として配属されても、最初は独身寮暮らしだった。そこでは1部屋2人ないし3人で共同生活をしていた。先輩の部屋長が寝るまでは、寝られない。刑務所みたいなんだ(笑)。

警察学校第何期卒業というのは、警察官になってからもずっと付いて回る。いまは1000期を超えているのかな。その期が1期でも上だったら、先輩として一目置かなければいけない。

厳しい先輩、後輩関係はついて回るというのは警察官独特の風土だろうなあ。

いまは時代が変わり、寮も個室になったようだ。警察学校も警察大学も、みんなが個室になった。

つまり捜査では組織プレーを重視し、プライベートでは個人を尊重するという時代になった。そういう意味では昔ほど、上下関係に厳しい組織ではなくなってきているのかもしれない。

警察ほど「実力主義」の世界はない

警察官のスタートは交番勤務から始まる。それはキャリアでもノンキャリアでも同じだ。

昔は交番勤務のことを外勤と呼び、他を内勤と呼んだ。いまは交番勤務を地域警察官と呼ぶようになった。

内勤は公安係とか刑事課、生活安全課、警備課などを示す。大きく分けて警察官は交番勤務の外勤と、内勤に分けることができる。

まず交番勤務で実績をあげて所轄の内勤になることを目指す。それが警察官のキャリア形成のスタンダードだろう。所轄の内勤になったら、さらにその先の本部（東京なら警視庁）勤務を目標とする。私の場合は刑事だったので、所轄刑事から警視庁捜査一課の刑事となることが、私が目指すところだった。

よく勘違いされるんだけど、警察官ほど実力主義が徹底された組織はないんじゃないかと私は思っている。

まず昇任試験に受からないと、昇進ができない。

六法を覚え、それから実務を覚える。昇進試験では法律と実務、両方の知識が問われる。

捜査に従事しながら、自分の自由になる時間を作って勉強をしなければならない。休み時間とか非番の日とかに勉強をする以外になかった。特に法律の勉強は、捜査では学べないから自分で学習していくしかない。

特例として推薦制度はあるにはある。たとえば長く奉職しているとか、実績をあげているとか。

勤務評定のランクがあって、Aランクだと推薦される可能性が高いとかね。推薦された場合は、六法試験などはなしで、論文試験だけで昇進することができる場合もある。

だが、ほとんどの警察官は昇進試験を経て、階級を上げていく。

普通の民間企業と違うのは、大学卒だろうが高卒だろうが関係ないことだと思う。

過去にも警視庁捜査一課長は高卒の人間が務めていたことがある。そういう、学歴ではなく実力を評価されてポジションを得るというケースはじつはとても多いんだ。

それは警視庁では、入庁してからの勉強と実績が正しく評価されるということを意味している。

東大からノンキャリアとして警視庁に採用された人間が、ずっと交番勤務だったというケースも実際にあったからね。

ある意味、フェアな競争社会なんだ。勤務評定と昇任試験さえクリアすれば出世できる。

私の場合は刑事一筋のキャリアだった。警視庁捜査一課に配属さ

田宮榮一・元警視庁捜査一課長

れてからは、巡査部長、警部補、警部、警視、と刑事のまま全ての階級を経験することができた。

でも捜査一課の中でも、刑事経験の少ない経歴の人もいる。たとえば元捜査一課長の田宮榮一さんもそうだった。田宮さんは、警部補時代には警察学校の教官をやっていたんだ。「田宮刑法」っていう有名な刑法の授業があって、その生徒から次々と優秀な警察官が羽ばたいて行った。そこから捜査一課に転じて、一課長までキャリアアップして行った。

刑事畑を歩んでいないタイプだった田宮さんだけど、捜査一課長としては親分肌で気風が良く、多くの刑事に慕われていた。名物一課長としていまでも名前があがる1人だ。

「キャリア」と「ノンキャリ」の対立はない

私のような叩き上げの刑事もいれば、いろんな部署を経験して出世していく人もいる。そのキャリア形成の経緯は様々だといえる。

警視庁と警察庁との違いは、まず組織が違うということだ。

警察庁は内閣府の外局として、国家公安委員会の「特別の機関」として設置されている。その仕事は警察制度の企画立案のほか、国の公安に係る事案についての警察運営、警察活動の基盤である教養、通信、鑑識等に関する事務、警察行政に関する調整等を行う。

主な仕事としては全国の都道府県警察の調整、それと法律を作る立法官庁としての機能もある。法律は国会議員によって国会で審議されるものだけど、国会に上がるまでの法案を警察庁でつくることが多いんだ。そうした警察に関わる法律整備もキャリア官僚の大きな仕事の一つだ。

警察庁のキャリア官僚は都道府県警で経験を積み、最終的には警察庁に戻って調整業務や立法業務に従事していくというのが大きな流れ。だから、警察庁が直に捜査することはない。

一方、警視庁は都道府県警のうちの1つで、東京都を管轄する警察組織だ。捜査の実力もピカ一だろう。

よく誤解されているんだけど、ドラマ『踊る大捜査線』で描かれたような、キャリアとノンキャリアが捜査方針を巡って衝突するということもほとんどないんだ。

「事件は会議室で起きているんじゃない、現場で起きているんだ」という有名なセリフがある。これはキャリアが会議室で捜査指揮を取ることに対して、ノンキャリア警察官が反発して発した言葉として描かれている。でも実際にはキャリア官僚はバカじゃないから、捜査に余計な口出しをすることはほとんどないんだ。経験がないから口を出せないというのが正しい言い方だろうな。

だから警視庁でも経験が重要視される一課長はノンキャリア、三課長もノンキャリア。捜査二課長はキャリアと、その配置される課が決まっているんだ。

捜査一課にも管理官でキャリアという人間はいるけど、捜査については一切口を出さない。警察庁としてはキャリアには現場のことを勉強してこいと送り出しているわけで、まず彼らは現場のことを学ぶということを優先しているんだ。

キャリアとノンキャリアの対立はまったくない。対立する必要もない。なぜなら、その役割が違うからだ。

ただし、警視庁は、昔から警察庁の言うことを聞かない、対抗心があると言われている。

たとえば警察庁が、全国の道府県警に交番を管轄する「警ら部」を「地域部」という名称に改編したことがあった。ほとんどの道府県警が順次取り入れていったのに、警視庁だけ警ら部という名称に最後までこだわり続けた。なかなか改編に応じなかったということがあったんだ。現在は警視庁も折れて地域部という名称を使うようになった。

警視庁がなぜ警察庁に対抗心を

自ら交通安全指導役を買って出る三浦正充警視総監

燃やすのか。それはプライドがそうさせた、と言われている。警視庁には警視総監がいる。彼らのなかには警察官のトップが警視総監なんだという意識がある。

一般的には警察庁長官が警察官のトップだと思われていることが多い。

だが警視庁の多くの警察官は、警視総監こそが警察官のトップだと考えているんだ。なぜかといえば、警察法のなかには警察官の階級が書かれている。そこにはトップの階級として警視総監がいて、そして警視監、警視長、警視正、そして巡査までの階級が明記されている。そう、実は警察法のなかには警察庁長官という階級は書かれていない。

警察庁長官は警察官の階級ではなく、警察庁の行政職を示す肩書きになる。警察法には警察庁には警察庁長官を置くと書いてあるが、階級としては載っていない。だから警察官のトップは警視総監なんだ、というプライドが警視庁にはある。

全国津々浦々みても、警視総監は警視庁に1人しかいない。警視庁は警察組織の中で最も規模が大きく、警察官の数もトップ。警視庁は警察官の最高峰の組織であり、警察官のトップである警視総監を戴いているという感覚が彼らにはある。

「意外に少ない刑事志望者」という現実

では、警察官のなかでは、どんな職種が人気があるのか。意外だと思うかもしれないけど刑事志望者というのは、警察官のなかでも少数派なんだ。

別項でも触れているが刑事は宿直勤務がある。事件対応で四六時中呼び出される。現場に行けば変死体を見る。臭いし蛆がわいているし、蝿は飛んでいる。昔は素手で変死体を扱っていたから、それはたまったものじゃなかったよ。いまは危ないから手袋をはめるということが普通になったが、それでも辛い作業であることには変わりがない。

刑事という職種は、むしろきつい仕事ということで敬遠されているんだ。激務を覚悟しなければならないし、忍耐力も必要とされる。捜査で実績をあげないと出世もできないなどプレッシャーもきつい。

逆に希望者が多いとされているのが地域部、いわゆる交番勤務だ。交番勤務では交通違反の取り締まりとか、巡回連絡とか、110番の処理などを主にこなす。その場限りの仕事が多いから、刑事などに比べて仕事に対するプレッシャーは少ない。そして、きちんと定期的に休みがとれるということも人気の理由のようだ。安定した生活を送れる。

警察官も時代とともに変わってきているということなのかもしれない。働き方改革は警察のなかでも始まっている。超過勤務をするな、休暇を取れという指導が行われている。要は早く帰れ、と。

私の時代は100時間以上の超過勤務はあたりまえ。ほとんど家には帰れない状態で捜査に没頭していたような時代だった。

さすがに現在でも、捜査一課だけは超過勤務やむなしだそうだ。やはり凶悪犯罪の捜査は、残業をしてでも取り組まないと難しいということなんだ。

時代とともに警察も変わってきている。新しい時代に合った警察官像というものを、これからの警察は示していかないといけないんだろうと思う。

国家規模での改革課題を無尽蔵に秘めた問題

「冤罪事件」と「不祥事」

求められる「取り調べの全面可視化」

取材・文●金子亨彦　写真●共同通信社

繰り返される冤罪 そのメカニズムと構造

刑事が活躍する小説やテレビドラマでは、「落としの達人」などと異名をとる刑事が登場し、取り調べにおいてあの手この手で犯人を自白させようと迫り、ついに「ホシが落ちる」瞬間が読者や視聴者にカタルシスを与える。しかし、この警察の取り調べは、同時に数多くの冤罪被害を生み出す温床とも化しているのだ。

いったいなぜやってもいない犯罪について、容疑者は自白してしまうのか。法心理学者の浜田寿美男は、「取調室の雰囲気に打ちのめされてしまうと同時に、『身に覚えのない犯行だから、わかってもらえるだろう』と一生懸命説明するのです。でも聞いてもらえないので、無力感に打ちひしがれます。また、暴力がなくても朝から晩まで調べられる。普通の人には、一時間でも罵倒されるのは耐えがたい。十分に拷問なのです」（鎌田慧『反冤罪』創森社）と語る。

刑事たちは、事件の経緯や因果関係について、容疑者の自白をもとに供述調書を作成するが、彼らの頭のなかにはすでに「こういう経緯、因果関係であれば、この容疑者が犯人であることは間違いない」という「ストーリー」ができあがっている。その「ストーリー」に合致しない供述を容疑者がすると、嘘をついているとみなされ、整合する説明がなされるまで徹底的にしめあげられる。結果、いかに事実と異なろうとも、調書のうえでは見事に筋の通った「事件の真相」が形づくられるのだ。足利事件、氷見事件、布川事件など世間を騒がせた冤罪事件の多くに、このような恣意的な取り調べ、自白強要があったことがその後明らかになっている。

こうした冤罪被害を生み出すリスクをなくすために、日本弁護士連合会をはじめ、多くの識者が取り調べの全面可視化を求めており、改善に向けて様々な試験的運用もなされてきた。たとえば2004年には取調状況報告書、余罪関係

冤罪、隠蔽、各所との癒着——警察の問題は、権力構造そのものの問題

報告書の作成が義務づけられたが、専門家によればそこには外形的なこと（実施、時間、場所、担当者、調書の有無など）が書かれているだけで、取調室の雰囲気や刑事の追及姿勢についてはわからない。２０１９年６月からは改正刑事訴訟法が施行され、録音・録画も義務化されたが、それらが警察によって改ざんされるおそれもある。最終的な改善策としては、リアルタイムの録画配信によるチェック機能と弁護人の立ち会いが必須となるだろう。

また、冤罪に関わる警察の問題点としては、報道機関との癒着による「リーク」の常態化もある。たとえば袴田事件では、まだ犯人が確定していない段階で、容疑者と警察しか知りえない取り調べ中のやりとりが新聞報道され、のちに袴田巌元被告らによって東京高裁に改善を求める意見書が提出されている。

警察組織の問題をあぶりだした稲葉事件

警察組織全体の根深い問題をあぶりだすことになった象徴的な例としては、２００２年に起きた「稲葉事件」が挙げられる。

これは北海道警察生活安全特別捜査隊班長であった稲葉圭昭《よしあき》警部が覚せい剤使用容疑で逮捕されたという事件であるが、その後、実は稲葉が所属していた生活安全部が、捜査の過程で暴力団関係者と深い繋がりを持つに至っていたことが明るみになった。また、調査を続けていくなかで、稲葉の元上司が自殺するなど、ショッキングな出来事も連発する。

実刑判決を受け、出所した稲葉圭昭氏。現在は社会復帰を果たしている

問題はさらに道警上層部の責任追及へと進むように思われたが、道警はあくまで稲葉個人の犯罪として処理しようとし、実際検察もそれにしたがって、事件からわずか5カ月というスピード判決で稲葉に懲役9年、罰金１６０万円の刑を科した。

元道警釧路方面本部長で一時期稲葉の上司でもあった原田宏二は、事件の背景について、「（暴力団と結託してでも）実績をあげたいというのが現場で駆けずり回る刑事たちの持つ性《さが》なのであり、また、それを当然のことと見るのが警察という組織なのである。任務に不可欠な資金が組織から出ず、自分たちの持ち出しで穴埋めするという異常な行為が、警察内部ではなんら不自然なこととは思われず、日常的に慣例化していた」（『たたかう警官』ハルキ文庫）と指摘。稲葉の覚せい剤使用についても、理不尽な配置替えや極度のプレッシャーなど個人を精神的に追いつめていく警察の体質が遠因となっていることを問題視している。

冤罪、隠蔽、各所との癒着——警察の問題は、権力構造そのものの問題であり、国家規模での改革課題を無尽蔵に秘めているといえるだろう。

参考文献●『反冤罪』（鎌田慧・創森社）／『取調べの可視化（録画・録音）で変えよう、刑事司法!』（日本弁護士連合会取調べの可視化実現ワーキンググループ編・現代人文社）／『はけないズボンで死刑判決　検証・袴田事件』（袴田事件弁護団編・現代人文社）／『たたかう警官』（原田宏二・ハルキ文庫）

警察組織内だけで使われる専門用語・隠語を解説
これが「警察用語」だ！

これを覚えてアナタも刑事気分に！

映画やドラマでいかにも「刑事同士らしい会話」の演出に欠かせない警察用語の数々。これらはもちろんふざけて使われているわけではなく、万が一会話を盗聴されたときのための対策でもある（もっとも映画やドラマでさんざん一般人にもバレているわけだが）。ここでその一部をおさらいしておこう。

取材・文●金子亨彦

アカイヌ
放火犯のこと。アカウマ（赤馬）とも。火事の炎が動物の形に見えることから。連続放火犯はアカネコと呼ばれる。

アカポリ
婦人警官のこと。「紅白歌合戦」の紅組が女性チームであることに由来。

アヒル
制服巡査のこと。アヒルのようにモタモタ巡回することを侮蔑的に現している。

アミ
包囲網、あるいは犯人を待ち伏せること。非常警戒を敷くことは「アミウチ」と呼ばれる。

アラウ
洗う。身元を調査すること。「ホシ（犯人）の身元をアラウ」などと使われる。

アリバイ
犯行に関与していないことを証明するための情報。現場不在証明。元はラテン語である。

イカモノ
前科者のこと。「マエモノ」とも。イカサマ者、すなわち偽者の意味でつかわれることもある。

イヌ
潜入捜査官やスパイのこと。

ウカンムリ
窃盗のこと。「窃」の字の部首にもとづくが、実際にはあなかんむりである。ほかにも「ごんべん＝詐欺事件」「さんずい＝汚職事件」「にんべん＝偽造事件」などがある。

ウサギ
脱走犯のこと。

オシドリ
2人組のスリのこと。

オミヤ
事件が未解決のまま、捜査が打ち切られること（いわゆる「迷宮入り」）。渡瀬恒彦主演のドラマ『おみやさん』は、「オミヤ」になった事件に挑む警察官が主人公である。

オモヤ
都道府県警本部のこと。

オヨガセ
泳がせ。容疑者をすぐに逮捕せず、自由に行動させて様子を見ること。「オヨガセ捜査」などと使われる。

ガイシャ
被害者のこと。マルガイ（マル害）とも呼ばれる。

ガサ
家宅捜索のこと。「ガサを入れる（ガサに入る）」を略して「ガサ入れ」とも言う。ガサを行うために必要な「捜索差押許可状」は「ガサ状」と呼ばれる。

カンオチ
容疑者が全面的に自供すること。「完全に落ちる」の略。部分的に自供することを「ハンオチ（半落ち）」、完全に黙秘することを「カンモク」という。

キャリア
国家公務員試験総合職に合格した警察官僚のこと。

キンスジ
警部以上の幹部のこと。

クロ
容疑者の犯行が確定すること、またはその犯人。反対に潔白の人物を「シロ」という。

ゲソ

足跡のこと。

ゲロ

自白すること。容疑者に向かって「早くゲロっちまえ」などと使う。

ゲンジョウ

事件現場のこと。基本的には捜査中の現場のみを指す。

コウボウ

「公務執行妨害」の略。

コシドウグ

拳銃のこと。刑事ドラマでは「チャカ」「ハジキ」と呼ばれることが多いが、実際はこちらの呼称のほうがよく使われる。

サッチョウ

警察庁のこと。

ショカツ

各地域の所轄警察署のこと。

スジモン

ヤクザのこと。「その筋の者」から。

タカトビ

高飛び。犯人が国外へ逃亡すること。

タタキ

強盗のこと。「(居住者を)叩き起こす」に由来。

タレコミ

捜査協力者などからもたらされる情報のこと。

チョウバ

捜査本部のこと。帳面をつけたり配置を決めたりすることから、商店の帳場に由来。

デカ

刑事のこと。明治期の警官は大きな角袖をまとっていたため、犯罪者から「クソデカ」と呼ばれたことに由来。

ノビ

泥棒のこと。「忍び」の略。

ハコ

交番のこと。派出所転じて「ハッショ」とも呼ばれる。

バンカケ

職務質問のこと。「こんばんは」と声をかけることから。

パンダ

パトカーのこと。白黒であることから。

ベッソウ

刑務所のこと。

ホシ

犯人のこと。「(犯人の)目星(をつける)」に由来。真犯人のことを「ホンボシ」と言ったりする。

ホンチョウ

警視庁本部のこと。

マグロ

轢死体のこと。

マルヒ

被疑者のこと。容疑者転じてマルヨウとも言う。マルガイは被害者、マルモクは目撃者を指す。

マルボウ

暴力団を専門に担当する刑事のこと。暴力団そのものを指す場合もある。

メングレ

顔を知っていること。

モサ

スリのこと。「(獲物を)模索(する)」に由来。

モン

「指紋」の略。

ヤマ

事件のこと。「山を越える」など立ち向かうべき重大事を指すことから。

ラジオ

無銭飲食のこと。「無線」と「無銭」をかけたシャレである。

レツ

共犯者のこと。「ツレ」の逆さ読み。

ロク

死体のこと。「オロクになる」などと言う。南無阿弥陀仏が6文字であることに由来。仏教にもとづく同義語に「ホトケ」がある。

ワイゴウ

Y号。薬物の使用歴を照合すること。

ワッパ

手錠のこと。逮捕することを「ワッパをかける」とも言う。

都道府県で大きな格差。年収トップはやはり「別格」の警視庁

年収、出身大学から難易度まで

警察「なんでもランキング」5選!

取材・文●本誌編集部

トップはガリバー日本大学 警察就職に特化した大学も

警察ランキング①

「出身大学」

警察に関するさまざまなランキング。まずは各都道府県警の採用者の出身大学から。

不動の首位は日本大学。マンモス大学ゆえ、公務員就職者数の多さでも常に上位に食い込んでいるが、警察に関しては10年以上トップの座を維持している。

注目は日本文化大学（東京・八王子市）。就職者数が毎年200人程度という小さな大学ゆえ、知名度そのものは低いが、警察への就職実績を売りにしており、警察官志望者のためのAO入試制度もある。

警察の採用試験には数学が含まれるため文系の学生にはハードルが高いと言われているが、同大学はそうした公務員試験対策をしっかりとフォローしている。ちなみに日本文化大学の遠藤豊孝学長は北海道警察本部長、警察大学校長をつとめた人物である。

なお、このランキングはあくまで「ノンキャリ組」の採用数である。エリート国家公務員として警察官僚になるのは、他の主要省庁同様、東大出身者がほとんどを占める。

公務員人気は根強い

警察官採用数の多い大学

順位	大学	人数
1	日本大学	158人
2	国士舘大学	150人
3	東海大学	119人
4	帝京大学	104人
5	近畿大学	91人
6	日本文化大学	81人
7	専修大学	77人
8	京都産業大学	73人
9	東洋大学	70人
10	神奈川大学	62人
10	福岡大学	62人

（大学通信調べ、2017年）

治安がよいのはやはり地方 幹部は気にする「通信簿」

警察ランキング②

「検挙率」

警察の実力の指標ともなる「検挙率」。基本的に数字が高いほど好ましいことは間違いないが、犯罪件数（万引きや軽微な金額の窃盗事案なども含む）の多い都市部での検挙率は低くなる傾向があり、一概に比較することはできない。

とはいえ、この検挙率は警察がまとめている「警察白書」でも公表されるため、不名誉な「ワースト」だけは回避しようと常連の大阪府警は毎年、神経をとがらせている。

もっとも優秀な数字をはじき出

都道府県警検挙率ベスト10

順位	都道府県	検挙率
1	秋田県	78.41%
2	山形県	75.69%
3	長崎県	68.50%
4	鳥取県	64.63%
5	島根県	62.63%
6	佐賀県	58.34%
7	大分県	57.63%
8	奈良県	55.95%
9	沖縄県	54.97%
10	福井県	54.59%

（2018年版警察白書）

都道府県警検挙率ワースト10

順位	都道府県	検挙率
1	大阪府	21.77%
2	埼玉県	28.04%
3	東京都	30.04%
4	千葉県	30.09%
5	岐阜県	31.03%
6	愛知県	31.46%
7	茨城県	32.51%
8	福島県	33.09%
9	京都府	33.10%
10	兵庫県	33.40%

（2018年版警察白書）

したのは秋田県。犯罪認知件数は2460件（2017年）と東京都の12万5251件を大幅に下回り、もともと犯罪が少なく安全な県であるという前提だが、それでも8割近い検挙率は驚きだ。

東京都と地方の県警では平均年収差100万円以上

警察ランキング③

「年収」

総務省が発表する「地方公務員給与実態調査結果の概要」から、各都道府県警の平均給与（おおむね38歳時点での年収、賞与含む、2018年）を算出した。

警察官ならどこでも給与は同じと思いきや、トップの警視庁と最下位の青森県警では年間100万円以上の開きがある。業務が多いエリアほど残業や各種手当てが増える結果、都市部では年収が上がっていくが、競争も仕事もハードになっていくことはもちろんだ。逆に言えば、物価の安い地方の公務員として働く分には、警察という職場はかなり恵まれているとも言えるだろう。

都道府県警年収ベスト10

順位	都道府県	平均年収（推定）
1	東京都	770万円
2	大阪府	767万円
3	愛知県	749万円
4	神奈川県	739万円
5	滋賀県	725万円
6	京都府	719万円
7	千葉県	718万円
8	兵庫県	709万円
9	静岡県	697万円
10	宮城県	696万円

都道府県警年収ワースト10

順位	都道府県	平均年収（推定）
1	青森県	628万円
2	熊本県	634万円
3	鳥取県	636万円
4	高知県	638万円
5	秋田県	641万円
6	石川県	642万円
7	宮崎県	646万円
8	鹿児島県	646万円
9	富山県	651万円
10	山梨県	653万円

埼玉県警がトップ登場 実質的には警視庁が激務

警察ランキング④

「忙しさ」

警察官1人で何人の住民をカバーしなければいけないのか。仕事の忙しさを表したランキングでは、埼玉県が全国1位となった。次いで滋賀県、宮城県、茨城県と大都市と隣接した都道府県の意外な忙しさが見て取れる。

ちなみに、カバーする人数が少ない都道府県は1位が東京の約314人。2位が京都府の約391人、3位は大阪府の約412人と、都市部が上位を占めている。事件も多いが警察官の数も多い結果、1人あたりがカバーしなければならない人数は少なくなっている。

同じ警察でも、比較的のんびりしたところとブラックな職場の差は激しそうだが、東京の場合には日中の人口が住所を登録している人口よりはるかに多くなるため、やはり本当に忙しいのは東京都（警視庁）というのが結論となりそうである。

警察官1人がカバーする人数

順位	都道府県	人数
1	埼玉県	638.92人
2	滋賀県	622.10人
3	宮城県	613.93人
4	茨城県	613.02人
5	長野県	606.29人
6	静岡県	604.19人
7	三重県	595.73人
8	岩手県	587.24人
9	神奈川県	584.04人
10	岐阜県	582.46人

（平成30年警察白書などから試算）

福岡や沖縄は難関職場 総じて都市部は高倍率

警察ランキング⑤

「就職難易度」

地方公務員である警察官になるためには各都道府県の採用試験を受ける必要がある。だが、同じ警察でも採用倍率には大きな開きがあり、就職難易度もかなり違う。

公務員のなかでは、警察官は早期の離職率が高いため、全体として見れば内定を勝ち取るのはそこまで難関ではない。しかし、公務員の優位性が高い地域では大卒男子で5倍以上の倍率があり、誰でも入れるような世界ではない。

入りやすい警察（大卒男）

順位	都道府県	倍率
1	福井県	2.2倍
2	徳島県	2.3倍
3	愛媛県	2.6倍
4	千葉県	2.9倍
5	長野県	3.1倍
6	島根県	3.2倍
7	宮崎県	3.2倍
8	富山県	3.4倍
9	岡山県	3.5倍
10	高知県	3.5倍

（2016年実施、平均）

入りにくい警察（大卒男）

順位	都道府県	倍率
1	福岡県	8.5倍
2	沖縄県	7.4倍
3	山形県	6.6倍
4	神奈川県	6.5倍
5	秋田県	6.4倍
6	広島県	6.4倍
7	熊本県	6.3倍
8	山梨県	6.0倍
9	北海道	5.9倍
10	大阪府	5.8倍

（2016年実施、平均）

あの芸人も！ あの作家も！ あの政治家も！

意外な人物たちの意外な経歴

警察出身の有名人たち

警察を退職した人間がその知識と経験を生かそうとすると、まず思い当たるのは直接的に深い繋がりを持つ政治家、内側にいた人間しか知りえない情報をもとにリアルな物語を描き出す小説家、社会を揺るがす凶悪事件などが発生した際にテレビのワイドショーや情報番組でコメントするジャーナリスト、といったあたりが順当だろう。実際、われわれが普段目にするメディアのなかにも、こうした警察出身者が少なからずいるはずだ。ここでは、とくに名の知れた有名人について紹介しておこう。

取材・文●金子亨彦

なにわの夫婦漫才師は交通巡視員だった！

漫才師

宮川花子《みやがわ・はなこ》

１９５４年生まれ。夫婦漫才コンビ〈宮川大助・花子〉のボケ担当。高校卒業後、大阪府警察に入庁。城東警察署に配属され、交通巡視員として検挙率トップの成績を誇った。警察を退職後、警備会社で万引き取締保安官（いわゆる万引きGメン）として働くうち、先輩社員の大助とコンビを組むことになった。

実は武闘派の一面をもつ吉本新喜劇最年少座長

コメディアン

酒井 藍《さかい・あい》

１９８６年生まれ。吉本新喜劇の歴代最年少座長。専門学校を卒業後、奈良県警察に事務員として勤務。その後、警察学校を経て橿原警察署に入庁し、交通課に所属した。ほんわかとしたキャラクターに似合わず、柔道二段の武闘派でもある。

迫力のボイスでアニメファンを魅了

声優、俳優

若本規夫《わかもと・のりお》

１９４５年生まれ。『サザエさん』の穴子さん、『ドラゴンボール』のセルなど野太い声と独特のセリフ回しで知られる。警視庁中野警察学校卒業後、警視庁機動隊に配属され、学生運動の鎮圧などに従事していた。そのため剣道や少林寺拳法にも通じており、「業界随一の武闘派」とも呼ばれている。

警察時代に培った各所との太いパイプで内閣を支える

衆議院議員

平沢勝栄《ひらさわ・かつえい》

１９４５年生まれ。東大法学部卒業後、警察庁に入庁し、岡山県警察本部長、警察庁長官官房審議官と着実に上り詰め、防衛庁長官官房防衛審議官、内閣官房長官秘書官も務めた。１９９６年に自民党から出馬し、衆議院議員に。第1次小泉内閣では防衛庁長官政務官、第1次安倍内閣では内閣府副大臣に就任した。

国会での厳しい追及姿勢にやり手の刑事の面影が残る

衆議院議員

葉梨康弘《はなし・やすひろ》

１９５９年生まれ。東大法学部卒業後、警察庁に入庁。岩手・兵庫県警本部捜査二課長などを務めた。森友学園問題の際に国会でおこなわれた籠池泰典氏の証人喚問の際は、刑事捜査の第一線にいたことを想起させる高圧的な追及姿勢で印象を残した。

少年犯罪と薬物犯罪のスペシャリスト

防犯コンサルタント

吉川祐二《よしかわ・ゆうじ》

1956年生まれ。法政大学中退後、警視庁に入庁。特捜本部、交通警察、機動隊などあらゆる業務に従事したが、とりわけ少年犯罪と薬物犯罪に深くかかわり、退職後もおもにその方面のコメンテーターとして活動している。薬物犯罪においては、警察きってのエリートチームとして知られる保安第二係で主任刑事を務め、外国からの麻薬密輸などの摘発で力をふるった。

警察大学校の主任教授も務めた人気覆面推理作家

作家

古野まほろ《ふるの・まほろ》

生年未公表。東大法学部出身の元警察官という経歴をもち、『天帝』シリーズをはじめとする推理小説や警察に関する評論、法学書などを執筆しているが、素顔は明かしておらず、〝覆面作家〟とも呼ばれる。退官時の役職は警察大学校主任教授。作家としては有栖川有栖と綾辻行人に師事。

真実か、誇張か？独特の語り口で魅了

タレント、警察ジャーナリスト

北芝 健《きたしば・けん》

生年未公表。貿易会社勤務を経て警視庁に入庁。特別捜査本部、公安など刑事捜査の最前線で活躍した。その後はコワモテの元刑事、犯罪社会学の専門家として各種メディアに登場。マンガ『まるごし刑事』（画：渡辺みちお）の原作や、空手道場の館長も務める。突飛な持論を披露することも多く、「ファンタジー北芝」の愛称をもつ。

元マル暴刑事が描き出すリアルな刑事の生きざまとは

小説家

二上 剛《ふたかみ・ごう》

1949年生まれ。大阪府警の暴力犯担当（マル暴）刑事だったという経歴の持ち主。大阪府警の新米女性刑事を主人公にした『黒薔薇 刑事課強行犯係 神木恭子』は元警官ならではの臨場感あふれる作品として話題になり、テレビ朝日系でドラマ化された。

『バイキング』でおなじみのあの人は受賞歴多数！

犯罪ジャーナリスト

小川泰平《おがわ・たいへい》

1961年生まれ。神奈川県警で機動捜査隊の一員となり、殺人を含む数々の凶悪事件の捜査に参加。知事褒章、警察局長賞、警察本部長賞など輝かしい受賞歴を誇る。フジテレビ『バイキング』をはじめ、TVの情報番組で凶悪犯罪事件についてコメントする機会が多い。

コレクター気質が高じて、警察官からドロップアウト

エッセイスト、庶民文化研究家

町田 忍《まちだ・しのぶ》

1950年生まれ。銭湯文化の実地研究や昭和のおもちゃ、ホーロー看板、牛乳瓶の蓋などのコレクション・研究で知られる。警視庁麹町警察署に勤務していた経験をもち、その際、警視庁職員美術展でも入賞している。著書に『銭湯へ行こう』『東京ディープ散歩』など。

公安や内閣関連の仕事の経歴を生かし、小説家に

小説家、危機管理コンサルタント

濱 嘉之《はま・よしゆき》

1957年生まれ。警視庁警備部警備第一課、公安部公安総務課、警察庁警備局警備企画課、内閣官房内閣情報調査室、生活安全部少年事件課に所属し、最終的には警視庁警視となった。2007年に小説家デビュー。『警視庁情報官』シリーズや『警視庁公安部・青山望』シリーズなど知識と経験を生かしたリアルなディテールに定評がある。

警察マンガの描き手は、似顔絵描きの名人だった！

マンガ家

泰 三子《やす・みこ》

生年未公表。某県警に10年勤務。当時から絵が上手で、「似顔絵捜査官」として知られていたらしい。短編『交番女子』で注目を集め、マンガ雑誌『モーニング』で「ハコヅメ～交番女子の逆襲～」を連載。「交番女子」の生態を描いた作品として話題を呼ぶ。

女性警官のほとんどは「職場結婚」！

警察官の「冠婚葬祭」事情

〝カタチ〟を重視する「警察一家」の厳格な掟の数々

取材・文●千葉哲也　写真●産経新聞社

警察官用の「冠婚葬祭」のマナーブックも存在する

古い価値観が根強く残る「警察一家」の結婚事情

たとえ同じ職場で働く者同士であっても、個人のプライバシーにはむやみに介入しないというのが現代の風潮である。

交際関係や結婚、離婚といった家庭内の事情については、仕事に支障をきたさないかぎり、とくに詳細な報告を求められないことがほとんどであるが、警察においてはやや事情が異なる。

ある40代の警視庁刑事が語る。

「そもそも、30代になってもなかなか結婚しないということ自体が不審なこと、好ましくないことという風潮はたしかにあって、独身のまま幹部に昇進していくケースはほとんど聞いたことがありません。特に内勤ではなく犯罪捜査に携わる刑事の場合は、家族がどういう状況にあるのかという情報は重視されるので、結婚する場合や、やむなく離婚する場合も、自主的な報告ができないと大幅な〝減点〟となります」

警察官の結婚は、職場結婚が多い。とくに女性の場合、7割から8割が同僚の警察官と結婚するという。

「正直言って、妻が警察官というのは普通の男性にとってやりにくいでしょう。交通違反をしたり、何かの間違いで警察沙汰にでもなれば妻に迷惑がかかることも考えられるし、悪い遊びをしようとしても、罪悪感が先に立ってしまう。その点、同じ仕事であれば心理的な負担は軽減されます」（同前）

もちろん、警察組織全体のなかで女性職員の割合は10パーセントに満たないため、多くの男性警察官は一般の女性と結婚することになるが、そこでも「父が警察」といった女性など、家族に関係者がいる場合はとくに地方で多いという。適齢期の人間がどこにいるかという情報が網羅されている警察ならではの「マッチング力」だ。

2019年7月、高知県警の20代女性巡査が、同じ高知県警の3人の男性巡査長と不倫関係にあったことが発覚し、処分を受けたことがニュースとなったが、民間企業であればそこまで大事にならないケースでも、警察内部で不倫は「大問題」になるという。

「〝カタチ〟にこだわるのも警察の流儀で、結婚はしたが式や披露宴はしないというのもほとんどありえません」

と前出の警視庁刑事。

「たとえば警視庁であれば、警視総監公邸そばの、警察関係者御用達のグランドアーク半蔵門で式をあげるのが定番です。同じ職場の場合、出席はマストで、そのために仕事の日程も事前調整される。警察の制服で登場するケースも多く、また余興も刑事ドラマ風のノリで台本が組まれるなど、よく言えばアットホームですが、悪く言えば組織の一員であることをプライベートの場でも強く意識させられるケースが多いです」（同前）

警察官の殉職は公葬 家族の葬儀も身内扱い

「警察一家」の団結力が表れるのは葬儀だ。職務上、警察官が命を落とした場合には、警視総監（警視庁の場合）や県警本部長、あるいは警察庁長官が参列し、警察官だけで数百人規模が出席する公葬となることが珍しくない。

警察OBやその身内が死去した場合も、警察の共済組合が、日頃から密接な関係性にある葬儀業者を選定し、格安の金額で紹介してくれる。

「葬儀業者にとっては、事件や事故で死去した人を、警察から紹介してもらうメリットが非常に大きい。その昔はビール券などの金券がキックバックされていた時代もあったが、さすがに問題視されて今は直接金品を贈ったりするバーター取引はできない。そこで、警察官OBやその家族に対する葬儀料金設定をサービスすることでお返しをするわけです。親の葬儀は家族葬でいいからと、大げさな協力を固辞するケースでも、供花や弔電の類は絶対に欠かしません」

（警務部勤務警察官）

警察官の家族が死去すれば、地元が同じであれば、葬儀に関するさまざまな仕事も同僚たちが率先して動いてくれる。

「そうした冠婚葬祭などの場合、警察官としてどのようにふるまえばいいのかというマナーブックもつくられており、新人はそれを読んで勉強します。お通夜の席でどういった席順にするのか、お茶やコーヒーの入れ方までマニュアル化されている」（同前）

運命共同体を標榜する警察組織。忠誠を誓い、仕事に励むことができればこれほど恵まれた組織もないだろう。

警察殉職者の慰霊祭には首相も参列する

数々の功績と罪を背負った、男たちの光と影

昭和、平成に名を残す傑物たち「名刑事」列伝

取材・文●後藤豊

刑事は「ストレスの多い仕事」だといわれる。捜査の手がかりを得るべく靴をすりへらすほど聞き込み、限られた時間内に被疑者を落とさねばならない。夜間の追撃が必要な際は勤務スタイルをチェンジ。定時などないに等しい。犯人逮捕でハッピーエンドのドラマと異なり、被疑者が有罪であると裁判所に判断させるための膨大な資料作成が待っている。そして、何より必要なのは「記憶力」。被疑者とのやりとりにおいて、相手のウソを突かねば自白を得られない。辻褄が合わない場合は知らないジャンルにも精通せねばならず、読み込む資料も膨大だ。そんな地道な世界において名を残した「3人の名刑事」。その功績と実像を振り返ろう。

執念と記憶力の徹底捜査

平塚八兵衛

ひらつか・はちべえ（1913－1979・警視庁）

「落としの八兵衛」「ケンカ八兵衛」「捜査の神様」など様々な異名をもつ昭和の名刑事。捜査の手法や考え方から上司や同僚と衝突することもしばしばあったが、退職後に「（衝突は）ケンカじゃねえ」と必要性を認めていた。

警視総監賞を94回受賞

その名を世間に轟かせた吉展ちゃん殺人事件（1963年）では、事件発生から2年経過後に容疑者の小原保のアリバイ崩し＝ケツ洗いに着手した。状況証拠こそ揃っていたが「事件当日は生まれ故郷にいた」と語る小原のアリバイは崩れず、ウソ発見器にかけてもシロと出る。そこで小原の故郷に足を運び、新たな証言から駐在所の記録を調べ、また証言者の記憶違いも洗い直すと、小原が最後に目撃されたのが事件発生の前日であることが判明。

それでも自供しない小原に対し10日間の取り調べが行われるも決して口を割らない。最後の手段として、声紋鑑定にかけるべく小原の声を録音するため雑談をすることになった。

そこで小原が「東京に戻った」とする前日に起きた火災を「山手線から目撃した」と口を滑らせた。これを聞いた平塚はトイレへ行くフリをして隣の録音部屋に行き「自供させる。許可をくれ」と上司に直談判。最後の最後で小原のアリバイを崩してみせた。執拗な再捜査と記憶力が功を奏し事件を解決させたのだ。

自供後、素直になった小原に感情移入した平塚は、小原に手作り弁当を食べさせ手紙を送るなどやさしさをみせるようになる。退職後、死刑執行された小原の墓参りに行った際、小原は先祖代々の墓の脇に、小さな盛り土がされたまま葬られていた。それを見た平塚は泣き崩れたという。

最後に担当（捜査主任）した三億円事件では真犯人を挙げられず、公訴時効成立の9カ月前に退職している。「俺たちには100点か0点しかねぇんだ（真犯人を逮捕できるか否かの意）」とのセリフが印象的だ。

警察功労章（帝銀事件・1948年）と警察功績章（吉展ちゃん殺人事件）のほか、警視総監賞を

94回受賞。退職してから4年後、肝臓がんにより死去（享年66）。

名刑事から冤罪刑事に転落

紅林麻雄

くればやし・あさお（1908−1963・静岡県警）

次は「名刑事」から一転「拷問王」となった紅林麻雄。浜松連続殺人事件（1941〜1942年）など数多くの事件を解決、名刑事と言われていたが、手掛けた事件が次々と冤罪とされ評価はガタ落ちとなった。

手掛けた事件が次々と冤罪に

紅林の捜査方法は「拷問による自白の強要と、供述調書の捏造」とされている。「犯人でなければ知りえない事実が、自白によって初めてわかったというような場合、その自白は真実であり、その者は犯人と推定できることになる。紅林捜査はこれを最大限利用したわけである。幸浦事件（1948年）、二俣事件（1950年）においてもそれは同様であった。むろん、小島事件（1950年）においてでもある」（『冤罪の戦後史』図書出版社刊より）

紅林が手がけたこの3つの事件はすべて冤罪となった。幸浦事件は、とある一家の行方不明事件だ。首謀者とされた近藤勝太郎容疑者の自白により警察は一家4人の絞殺遺体を発見する。こう読むと「埋めたものでなければ知りえない事実を勝太郎が知っていた」ことになるが、同書では次のように続けている。

「もし警察があらかじめ死体の埋没場所を確かめておいたうえで、拷問によってそれに見合うような自白を被告に強要し、しかるのちに自白によって初めて死体が発掘されたように装った場合はどうであろうか。このような自白は到底信用できない」

近藤勝太郎の検事調書には「捜査官から皮のスリッパで頭や顔を殴られ、往復ビンタをくった挙句、柔道で半殺しの目に合った。手や耳たぶに焼け火箸を押し付けられた」と書かれている。こうした捜査手法が明らかになり非難を浴びた紅林は交通巡視員に二階級降任させられ、幸浦事件の冤罪が確定すると辞職。直後、脳出血で急死している（享年55）。

警察本部長賞など多数

「現場百回」窃盗専門の名刑事

小川泰平

おがわ・たいへい（1961−・神奈川県警）

事件が起こるたびに的確な犯人像の推論を語る小川泰平は、30年の刑事人生で警察局長賞や警察本部長賞など500回以上も功績を認められた窃盗専門の名刑事だ。「現場百回」を基本に何度も事件現場に赴き周辺を観察、犯人に結びつくヒントを稼いできた。そうした経験から窃盗の手口が数多い引き出しとなるのだろう。

そればかりか、知らないジャンルに対する疑問も、思い浮かんだら納得するまで追いかける。

前日の供述を一夜明けて翻した男がいた。2000万円もの金を競馬で儲けた、ウインズ後楽園で買った、と前言撤回したのだ。月収10万円の男が総額255万円もの金を賭けるわけがない。しかし、男の供述通り、ウインズ後楽園では15万円ずつ総流しをした馬券が実際に売られていた。男は「馬券は1枚だった」というが、競馬ファンならご存じのとおり、馬券1枚あたりの上限金額は50万円。男の供述どおり掛け金が255万円の場合、馬券は1枚では済まない。競馬をやらない小川氏だったが、過去に容疑者から聞いたこの供述を思い出し、同じく競馬を知らない検事とともに競馬のレクチャーを受け、1年をかけて容疑者を追い詰めた。ちなみにウインズ後楽園で売られていた馬券の話は、雑誌に掲載されていた実話だったという。

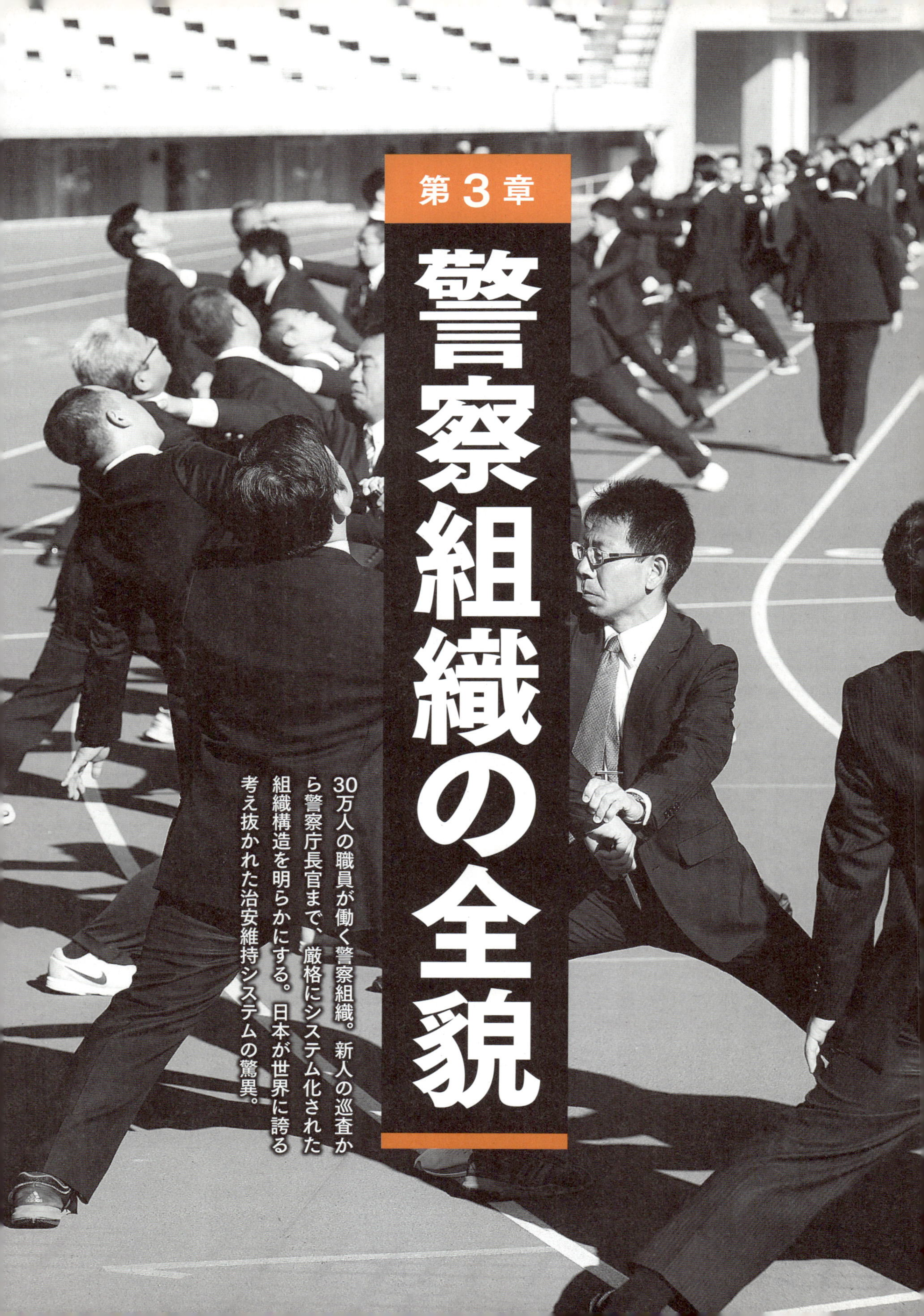

第3章 警察組織の全貌

30万人の職員が働く警察組織。新人の巡査から警察庁長官まで、厳格にシステム化された組織構造を明らかにする。日本が世界に誇る考え抜かれた治安維持システムの驚異。

「警察庁」編

全国の都道府県警を監督する立場の警察庁。日本を代表するエリート集団たちの役割と、その強大な権限の源泉に迫る。

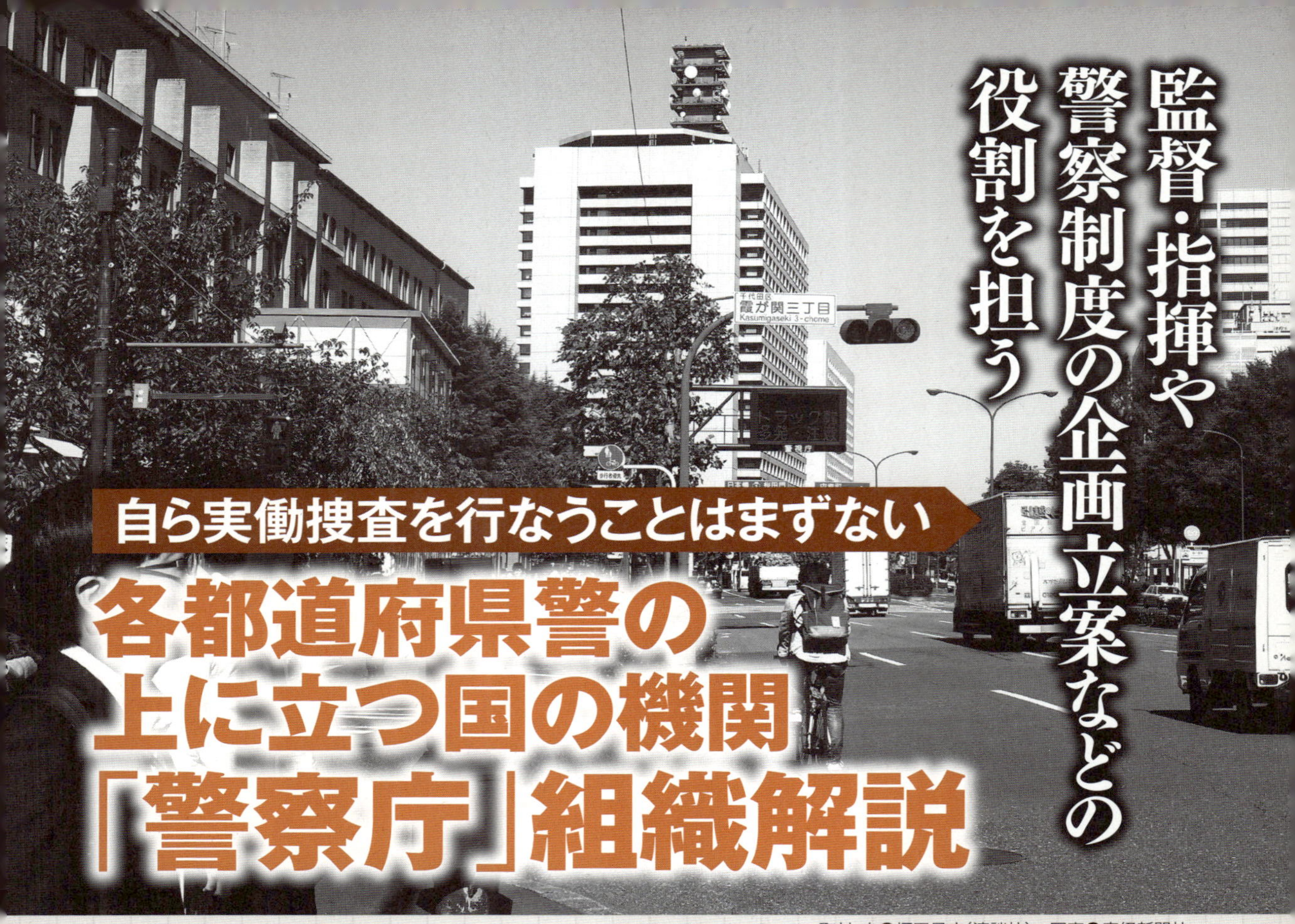

監督・指揮や警察制度の企画立案などの役割を担う

自ら実働捜査を行なうことはまずない

各都道府県警の上に立つ国の機関「警察庁」組織解説

取材・文●福田晃広(清談社)　写真●産経新聞社

最高責任者は警察庁長官 在籍職員は国家公務員

日本の警察は、国の機関である警察庁と、地方組織の都道府県警の2つに分けられる。ここでは、警察庁とは具体的にどのような組織なのか、概要を説明しよう。

警察庁は、各都道府県警の上に立つ組織で、監督・指揮や、警察制度の企画立案や警察行政に関する調整などの役割を担う。一方、自治体の機関である都道府県警は、実際の警察業務を執行する役目がある。警察庁と都道府県警の大きな違いは、前者に在籍する警察官や職員は国家公務員で、後者に属する警察官たちは基本的に地方公務員であることだ。

ただし、都道府県警トップの本部長には、階級2位の警視監らが就き、彼らはキャリアで身分は国家公務員だ。都道府県警でも警視正以上の幹部は「地方警務官」と呼ばれ、国家公務員なのだ。

最高責任者は警察庁長官、その補佐役が次長。その下に長官官房と、5つの部局、地方機関である6つの管区警察局、3つの附属機関がある。これらが警察庁の全体組織図になる。

一般職の在職者数は2018年7月1日現在、警察庁全体で8179人(女性829人)。行政機関職員定員令によって、組織別に定員が決められている。内部部局の定員を法令によって各局部単位で規定されているケースは警察庁だけだ。

警察庁の筆頭局である長官官房には、総務や人事、会計のほかに国家公安委員会を補佐する国家公安委員会会務官が設けられている。また、2019年4月1日から警察法が改正。長官官房に公文書監理官と企画課を新設する組織改編が実施され、国際課を廃止し同課の事務を総務課及び企画課に移管した。

生活安全局は、ストーカー、DV、リベンジポルノ、JKビジネス、特殊詐欺などの比較的新しい犯罪までカバーし、犯罪全般を未然に防止するための施策の企画立案を担当している。

刑事局は、刑事警察に関する施策的な役割を担い、全国の刑事警察を指導・統括する。ただし、警視庁などの刑事部員のように自ら実働捜査を行なうことはまずない。全国の刑事警察行政の責任者である刑事局長は、キャリアの指定席で刑事局を統括する行政官。また、国会においては政府参考人として答弁する職務まで与えられることもあるなど、重要なポストだ。

法案・統計の作成や統括・指導が主な業務

交通局は、道路交通行政の施策と道路交通に関する法案・統計の作成を行ない、警備局は、警視庁警備部・道府県警察警備部・警視庁公安部を統括している。課長級以上の役職はいわゆるキャリア、準キャリアが大勢を占め、警備局員は、ノンキャリアで構成される。警備局のなかの課のひとつである公安課では、全国の公安警察による極左暴力集団・右翼団体に対する捜査の指導をしている。

国家公安委員会とともに霞が関の合同庁舎に入る警察庁

都道府県警察を監督し警察組織の頭脳として機能

情報通信局は、全国の都道府県警察が必要とする情報を共有できるよう、データベースシステムを構築・運用している。また、全国のあらゆる事件、事故または災害の発生時に直ちに対応するために、警察の「神経系統」である情報通信基盤を整備し、24時間体制で活動している。近年、増加傾向にあるサイバー犯罪、サイバー攻撃への対処も担当している。

6つの管区警察局とは、東北、関東、中部、近畿、中国・四国、九州・沖縄に分けられる。ちなみに北海道と東京は、どの管区警察局にも属さない。管区警察局長の階級は警視監だ。

最後に付属3機関についてだ。まず警察大学校は、警察庁に入庁したキャリア組が、警察官として必要な知識と技能を習得するための教育機関だ。科学警察研究所は、警察関係者から依頼された証拠物などの鑑識・検査を主な任務としていて、それらの専門家育成の場でもある。最も多くの人に馴染みがあるのは、皇宮警察ではないだろうか。天皇皇后両陛下をはじめ、皇族の警備を専門とする機関。与えられている任務は、皇族の身を護るというシンプルなもの。はかり知れない使命と長い伝統があるため、やりがいや使命感を感じている警察官の数はほかにくらべても多い。

放火された京都アニメーションを弔問した山本順三国家公安委員長

警察の正常な機能を維持するための中立組織

警察庁を管理する警察の「監視役」

内閣総理大臣の所轄「国家公安委員会」

取材・文●福田晃広（清談社）　写真●共同通信社

あまり知られていない警察組織との違いと役割

内閣総理大臣の下に置かれている国家公安委員会だが、多くの人にとって、あまり聞き慣れない組織ではないだろうか。

国家公安委員会とは、金融庁と同じく内閣府に置かれる外局で、国務大臣が委員長を務め、ほか5人の委員の計6名で構成される合議制の行政委員会のこと。委員長は総理大臣が選び、委員たちの任期は5年。委員は任命前5年間に警察・検察の職歴のない民間人であり、法曹界、言論界、産学官界の代表者から選任される。この制度は戦後新たに導入されたもので、主な活動目的として「国民の良識を代表する者が警察行政の民主的管理と政治的中立の確保を図る」ことを掲げている。いってみれば、警察の「監視役」のような組織だ。国家公安委員会に関する事項は「警察法」という法律によって、細かく定められている。

2019年6月27日現在、委員長を務めているのは山本順三内閣特命担当大臣（防災）。委員会のメンバーは、川本裕子早稲田大学大学院経営管理研究科教授、北島信一外務省官房長、木村恵司三菱地所特別顧問、安藤裕子高松高等裁判所長官、小田尚読売新聞グループ本社取締役論説主幹だ。任命時期がそれぞれ異なるため、随時メンバーの入れ替えが行なわれる。

犯罪の捜査や交通の取り締まりなどの仕事は、都道府県警察が行なう一方、国の警察機関である国家公安委員会と警察庁は、「国全体の安全に関係するものや、国が自らの判断と責任において行なうべきもの」「警察官の教育制度や、警察の通信、統計など、国において統一的に行なうことが能率的であるもの」「広域にわたる事件など国において調整を行なう必要があるもの」を担当している。

そのため、国と都道府県の公安委員会は、国民を代表する機関としてそれぞれ警察庁、都道府県警察を管理し、常に相互の緊密な連絡を保ちながら意思疎通を図り、

円滑に業務が遂行されるよう警察庁と都道府県警の間に立つ存在

警察の仕事が滞りなく行なわれるよう努めている。このような観点から、国家公安委員会委員と全国の都道府県公安委員会委員との連絡会議が年2回開催され、また、各地域ブロックごとに年2回開催される連絡会議などに国家公安委員会委員が出席している。

また、国家公安委員会は、与えられた任務を達成すべく、警察制度の企画立案や予算、国の公安に関係する事案、警察官の教育、警察行政に関する調整などの事務について、警察庁を管理している。あくまでも、個々の具体的な警察活動について直接指揮、監督を行なうのではない。具体的には、警察庁長官が国家公安委員会の管理のもと、警察庁としての事務を行なうか、都道府県警察を指揮、監督することによって行なわれる。

ちなみに国家公安委員会委員は、特別職の国家公務員なので、一般の国家公務員と同様、厳正公平にその職務を行なうことが必要とされる。そのため、積極的な政治活動が制限され、秘密を守る義務も課せられているのだ。

治安維持を目的とした「緊急事態の布告」を勧告

さらに国家公安委員会は、検察官のトップである検事総長と常に緊密な連絡を保つものとするとされているが、警察官に対する指揮権といったものは存在せず、常に協力関係にある。警察庁は国家公安委員会以外の機関から管理・監督されることはないが、司法警察活動に際し、個別の警察官は検察官から指揮を受けることはあり得る。ただし、当然警察官は正当な理由がある場合に限り、検察官の指示を拒否できる。この時、検事総長、検事長または検事正は、国家公安委員会が懲戒権限を持つ者、つまり、国家公務員たる警察官に対する懲戒の訴追を国家公安委員会に行うことが認められている。

ほかにも、国家公安委員会には重大な権限がある。たとえば内閣総理大臣は、大規模な震災や外国の侵攻などの緊急事態が発生し、治安が混乱する状態が生じた場合、治安維持のために緊急事態の布告を発することができるが、この布告は、国家公安委員会の勧告に基づいて行わなければならない。これは極めてまれな事態であり、これまでに例はないものの、迅速かつ正確な判断が国家公安委員会には求められるのだ。

■国家公安委員会とは

委員長（国務大臣）

委員5人（民間人）

仕事内容
- 定例会議・臨時会議
- 警察運営の独善化防止・政治的中立の確保
- 警察活動・行事への出席

報酬

委員長	146万5000円／月
委員	114万7000円／月

（2015年9月1日時点）

警察庁内の人、金、情報などの動きすべてを掌握

警察官にとって代表的な出世コース

一般企業で言えば総務部にあたる「長官官房」

取材・文●花山十也　写真●産経新聞社

キャリアを生かすも殺すも人事権を持つ長官官房次第

警察庁の内部部局のひとつである長官官房は主に総務や人事、会計といった業務を担う。一般企業に置き換えるならば、会社全体の事務全般を仕切る「総務部」をイメージするといいだろう。総務課、人事課、会計課、給与厚生課といった部署が属しているのも、一般企業の総務部とよく似ている。

企業における総務部がそうであるように、警察庁内の人、金、情報などの動きすべてを掌握しているのが長官官房だ。また、序列でも5局（生活安全局、刑事局、交通局、警備局、情報通信局）の上に位置することから、警察庁の「筆頭局」とも称される。全国の警察を束ねる警察庁の筆頭なのだから、警察庁長官官房こそが日本の警察組織の中枢と言ってもいい。

とくに、異動、昇進、降格といった人の動きに関しては、警察庁内はもちろん、地方警察においても警視正以上の幹部の人事権は、この長官官房が持っている。キャリア警察官を生かすも殺すも、警察庁長官官房次第だ。

絶大な力を持つだけあって、長官官房のトップ「長官官房長」は、警察庁長官、警察庁次長に次ぐ「警察組織のナンバー3」と目される。事実、歴代の警察庁長官の多くが長官官房長、警察庁次長を経て、ピラミッドの頂点へと登り詰めている。

都道府県警本部や所轄警察では、警務部、総務部、警務課などが警察庁での長官官房に類する。いずれも事務仕事が中心で現場組のような花形感はないが、優秀な人材が配属されるケースが多く、警察官にとって代表的な出世コースであるのも長官官房と同様だ。

警察不祥事の捜査を行う「首席監察官」も長官官房

長官官房には、前述したような部署に加え、国家公安委員会をサポートする「国家公安委員会会務官」、特定の事項について企画・立案する「参事官」、官房全体もしくは特定分野の局を束ねる「審議官」などが設けられている。

　現在の参事官は5名。国際・サイバーセキュリティ対策調整担当、総合調整・統計担当、犯罪被害者支援担当、高度道路交通政策担当、拉致問題対策担当と多岐にわたっていることからも、長官官房が幅広い分野の職掌を背負っていることが分かる。

　審議官は、犯罪被害者施策担当や刑事局・犯罪収益対策担当など現在7名で、２０１９年４月１日の警察法改正で新設された東京オリンピック・パラリンピック担当もそのうちのひとつ。２０２０年までの時限つきで、「東京オリンピック・パラリンピックに係る政府内の会議への対応や、庁内における各種対策の横断的な展開、関係機関とのハイレベルかつ綿密な連携を推進する」のを目的としている。

『踊る大捜査線』の室井慎次（柳葉敏郎）が34歳で首席監察官に出世したのはありえない

　今回の警察法改正では、これまで国際関係の事案の調整を行ってきた国際課を廃止し、その業務を総務課および新設の企画課に移管。さらに、警察庁におけるＥＢＰＭに関して客観的な立場から検証等を行う「政策立案経過総括審議官」（公文書管理官も兼任）も新たに設置。「ＥＢＰＭ」とは、「Ｅｖｉｄｅｎｃｅ Ｂａｓｅｄ Ｐｏｌｉｃｙ Ｍａｋｉｎｇ」の略で、その場限りの根拠に頼らず、明確な目的と効果の測定に重要な情報やデータに基づく政策立案のことだ。

　警察組織内部で起きた不祥事の捜査や質疑、功労者の表彰、組織内犯罪の監視と取り締まり、会計監査などを行う「首席監察官」も、長官官房に属する重要な職務のひとつだ。ドラマ『踊る大捜査線　秋の犯罪撲滅スペシャル』（１９９８年、フジテレビ）で、被疑者の逃亡幇助の疑いがかけられた恩田すみれ（深津絵里）を調査すべく、身内である青島俊作（織田裕二）や和久平八郎（いかりや長介）に監視を命じたのが、まさに首席監察官に出世した室井慎次（柳葉敏郎）だった。

　ちなみに、ドラマ上では「警察庁長官官房警務課首席監察官」との肩書きが室井にあてられていたが、現実の長官官房に「警務課」は存在しない。また、いくら優秀なキャリア組であっても、当時34歳の室井がこの地位まで出世することは到底ありえない。その職責の重さから、実際には道府県警本部長を経験した50歳以上のベテラン官僚がこのポストに就くのが通例だ。

2018年1月より警察組織のトップに立つ栗生俊一警察庁長官

安全安心な街づくりに寄与する調査・研究、指導などを行う

最も庶民の暮らしに身近な部署

市民生活で起こる犯罪や事故を予防「生活安全局」

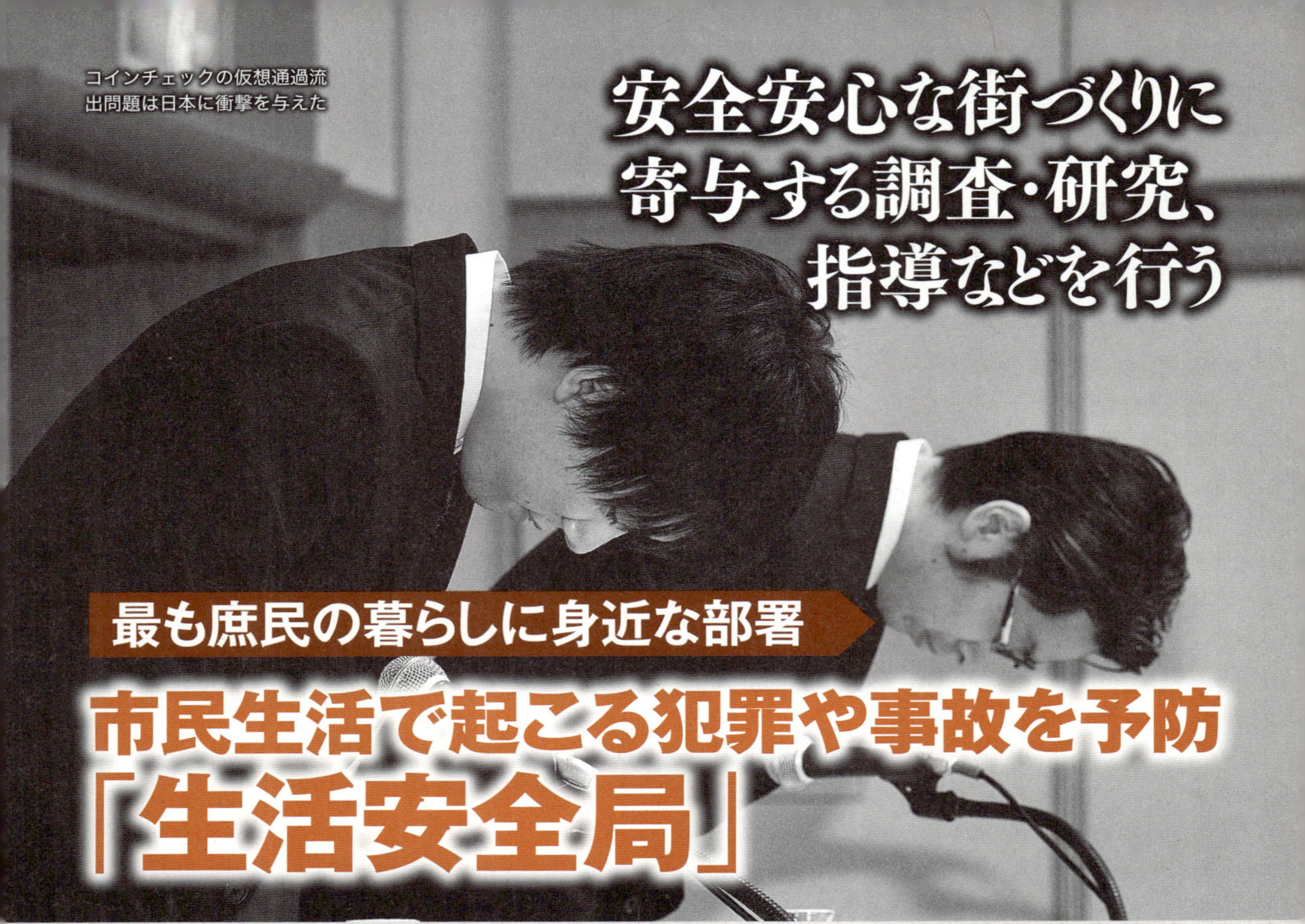

コインチェックの仮想通過流出問題は日本に衝撃を与えた

取材・文●花山十也　写真●産経新聞社

最も種々雑多な事犯に対応するのが生活安全局

JKビジネスから児童ポルノまでも対応

1994年7月、警察法の改正にともない、刑事局保安部から分離昇格。同法の第22条では、生活安全局の所掌事務を「犯罪、事故その他の事案に係る市民生活の安全と平穏に関すること」「地域警察その他の警らに関すること」「犯罪予防に関すること」「保安警察に関すること」と4つの項から規定している。

これをいくぶん平易な言葉でまとめると、「市民が安全かつ安心して暮らせる社会をつくるため、市民生活周辺で起こりうる犯罪や事故を予防する」といったところだろうか。警察庁にある1官房5局のなかでは、最も庶民の暮らしに身近な部署だともいえる。ただし警察庁で行うのは、あくまでも各種施策の企画立案、指導、監督などが中心で、直接市民の窓口となり、現場での取り締まり等を行うのは、都道府県警察や所轄に配置された同系列の部署だ。

2019年4月の警察法改正で地域課が廃止され、現在の警察庁生活安全局は、「生活安全企画課（地域課を統合）」「少年課」「保安課」「情報技術犯罪対策課」「生活経済対策管理官」の5つの部署から成る。

それぞれの役割や所掌を具体的に挙げていくと、生活安全企画課では、その名の通り、安全安心な街づくりに寄与する調査・研究、指導などを行う。地域における防犯対策もそのひとつで、自主防犯活動の啓蒙、防犯意識の向上を目的とするポータルサイト「自主防犯ボランティア活動支援サイト」も生活安全企画課によるものだ。

少年課では、児童ポルノ対策官、少年問題総合研究官、少年保護対

振り込め詐欺撲滅も担当

策室を置き、青少年の非行防止と虐待や事件からの保護に努めている。近年、とくに力を入れているのがインターネットが関与する犯罪被害の防止で、2018年7月に催された「青少年の非行・被害防止対策公開シンポジウム」でも少年課・滝沢依子課長がパネリストとして登壇。SNSに起因する事犯の被害児童数が、ここ10年で2倍以上にもなっていることなどを発表した。性被害対策としては、各種メディアを通した広報・啓蒙、相談・支援窓口の設置、JKビジネスへの注意喚起などを行う。

AVへの出演強要から仮想通貨搾取まで扱う

風俗関係の事犯をつかさどり、良好・健全な生活環境の保持を進めるのが保安課だ。風俗営業（接待飲食等営業、遊技場営業）の許可・取り締まりはもちろんのこと、近年増加しているアダルトビデオへの出演強要、外国人を中心に横行している人身取引などにも各都道府県警察へ通達を発出し、取り締まり、教育・啓発を強化している。

情報技術犯罪対策課は、いわゆる「IT・サイバー犯罪」への対策を推進する部署だ。コンピュータウイルス、不正アクセス、ネットバンキングによる不正送金、フィッシング詐欺、仮想通貨搾取など、対応すべき事犯は年々多種多様となり、手法の複雑化によりイタチごっこの様相を呈している。今後、同課による政策がますます重要となっていくのは間違いない。

生活経済事犯の取り締まりを管理するのが、生活安全局5つ目の部署、生活経済対策管理官だ。「生活経済事犯」とは、要するに一般市民のお金に関わる犯罪行為のことで、わかりやすい例が強引な訪問販売（押し売り）や通信販売詐欺などだ。

一般的な生活をしていれば、あらゆる場面においてお金が関与してくる。自ずと生活経済事犯も広範囲にわたり、大きく3つに分類されている。ひとつめの「消費者取引の安全・安心を阻害する事犯」はわかりやすい。株式や投資信託、外国通貨など金融商品に関する違反、電話勧誘や連鎖販売（マルチ商法）による被害などがそれにあたる。やや意外なのが「国民の健康や環境に対する事犯」で、廃棄物処理法違反や鳥獣保護法違反、薬事関係の違反、医師法違反、食品衛生法違反など極めて幅広い。これらもすべて生活経済対策管理官の管理範囲となる。残る3つめは、商標法違反や著作権法違反などの「知的財産権侵害事犯」だ。

このほかにも、ストーカー、DV、リベンジポルノ、行方不明者、銃砲所持なども生活安全局の所掌となる。警察庁のなかで最も身近な部局である分、最も種々雑多な事犯に対応しなければならないのが生活安全局とも言えるだろう。

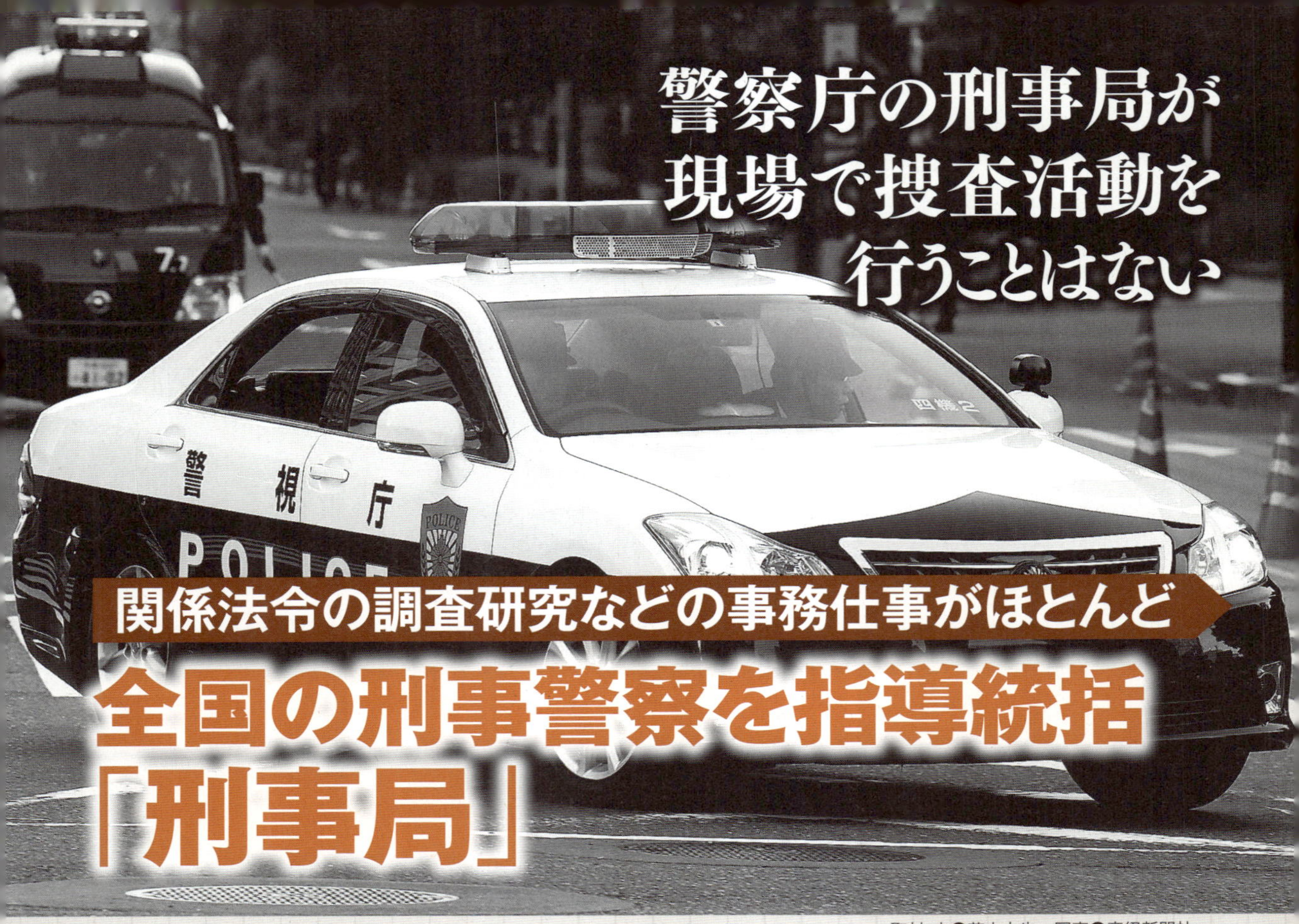

警察庁の刑事局が現場で捜査活動を行うことはない

関係法令の調査研究などの事務仕事がほとんど

全国の刑事警察を指導統括「刑事局」

取材・文●花山十也　写真●産経新聞社

警察庁の刑事局には刑事は1人もいない

その名が示す通り、刑事警察に関する制度など企画立案し、全国の刑事警察を指導統括する。「刑事警察」とは、殺人、強盗、窃盗、放火、傷害など刑法に触れる犯罪の捜査を行う部門だが、基本的に警察庁の刑事局が現場で捜査活動を行うことはない。関係法令の調査研究や予算の確保などの事務仕事がほとんどで、指導や調整も現場レベルでは警視庁や各道府県警察本部の統括官が執り仕切る。

いったんやや横道にそれるが、日本では犯罪捜査や犯人逮捕を行う「私服」の警察官のことを「刑事」と呼ぶ（派出所勤務などの制服警官を同様に呼ぶことはない）。これは、「刑事部課に所属する」「刑事事件を担当する」ことなどから生まれた俗称であり、正式な名称や肩書きではない。私服であることと同様に、「現場で実働捜査を行う」ことも「刑事」をカテゴライズする上での条件のひとつだ。つまり、警察庁の刑事局には、刑事は1人もいないということになるのだ。

この刑事局には、指導や情報分析支援を行う「刑事企画課」、検視指導と特殊事件を担当する「捜査第一課」、特殊詐欺対策室がある「捜査第二課」、指紋やDNAなどの鑑識を指導する「犯罪鑑識官」、犯罪インフラの多様化に対応した分析を行う「捜査支援分析官」がある一方で、独立部門として組織犯罪対策を推進する「組織犯罪対策部」が設置されている。

ドラマでは頭でっかちなキャリア組として描かれる

2004年7月の警察法改正の際、それまでの暴力団対策部を廃止して、新たにつくられた組織犯罪対策部。その背景には、薬物や銃器が関わる犯罪の裾野が広がり、同時に外国人による犯罪が急増していることがうかがえる。それまで暴力団犯罪には刑事局暴力団対策部が、薬物・銃器に関する犯罪には生活安全局が、外国人による

警察庁の刑事局に「刑事」はいない

犯罪にはその罪種ごとに複数の部門がそれぞれに対応してきた。

相互に複雑かつ緊密に連携して行われるそれら犯罪の取り締まりを一元的に所掌し、総合的な取り組みで最大限の効果を上げるべく設けられたのが、この組織犯罪対策本部というわけだ。犯罪が関与する収益の移転、いわゆる「マネーロンダリング」や、外国の刑事事件の捜査に協力する「国際捜査共助」に関する事案も同部の所掌だ。組織犯罪対策部を除く刑事局職員が387人であるのに対し、組織犯罪対策部職員がほぼ同等の315人であることからも、同部が刑事局において独立した活動を行なっていることがうかがえる。

ちなみに、警視庁内にも同名の「組織犯罪対策部」が存在するがまったく別の組織で、こちらは実働部隊として現場での捜査・取り締まりを中心に行う。また、各道府県警察でも類似の部署を設けているが、組織構成や実際の対策は地域によって大きく異なる。

たとえば福岡県警では、警察庁や警視庁のように暴力団犯罪と外国人犯罪を統合して取り扱うようにするのではなく、生活安全部や刑事部などと並んで「暴力団対策部」を置き、そこから「組織犯罪対策課」や「北九州地区暴力団犯罪捜査課」などへ枝分かれしている。管轄内に指定暴力団が5つも存在する（東京都は4つ、大阪府は2つ）という福岡県の土地柄がそうさせているのだ。

刑事局のトップ、刑事局長は全国の刑事警察を統括する行政官

刑事局独自の活動ではないが、刑事局長が副委員長として、刑事局刑事企画課長が審査委員として名を連ねているのが「捜査特別報奨金審査委員会」だ。日本の報奨金は、まず都道府県警の長が報奨金対象事件としての指定を警察庁長官に申請し、審査委員会の諮問を通すことで報奨金額や応募の期間が決定される。

警察組織の実務部隊である各都道府県警察に対し、企画立案や運営、警察行政の調整などデスクワークが中心の警察庁。刑事事犯においてはとくにその差異が明白となり、ドラマなどではヒロイックな刑事に対し、頭でっかちなキャリア組として描かれることも多い。だが、先の報奨金手続きにも見られるように、警察庁の各局が現場の動きを統括しているのも事実。刑事局のトップ、刑事局長は全国の刑事警察を統括する行政官であり、階級から見てもその上に立つのは警察庁長官と警視総監のみ。世間のイメージはどうあれ、警察庁刑事局職員がエリート官僚であることに変わりはないのだ。

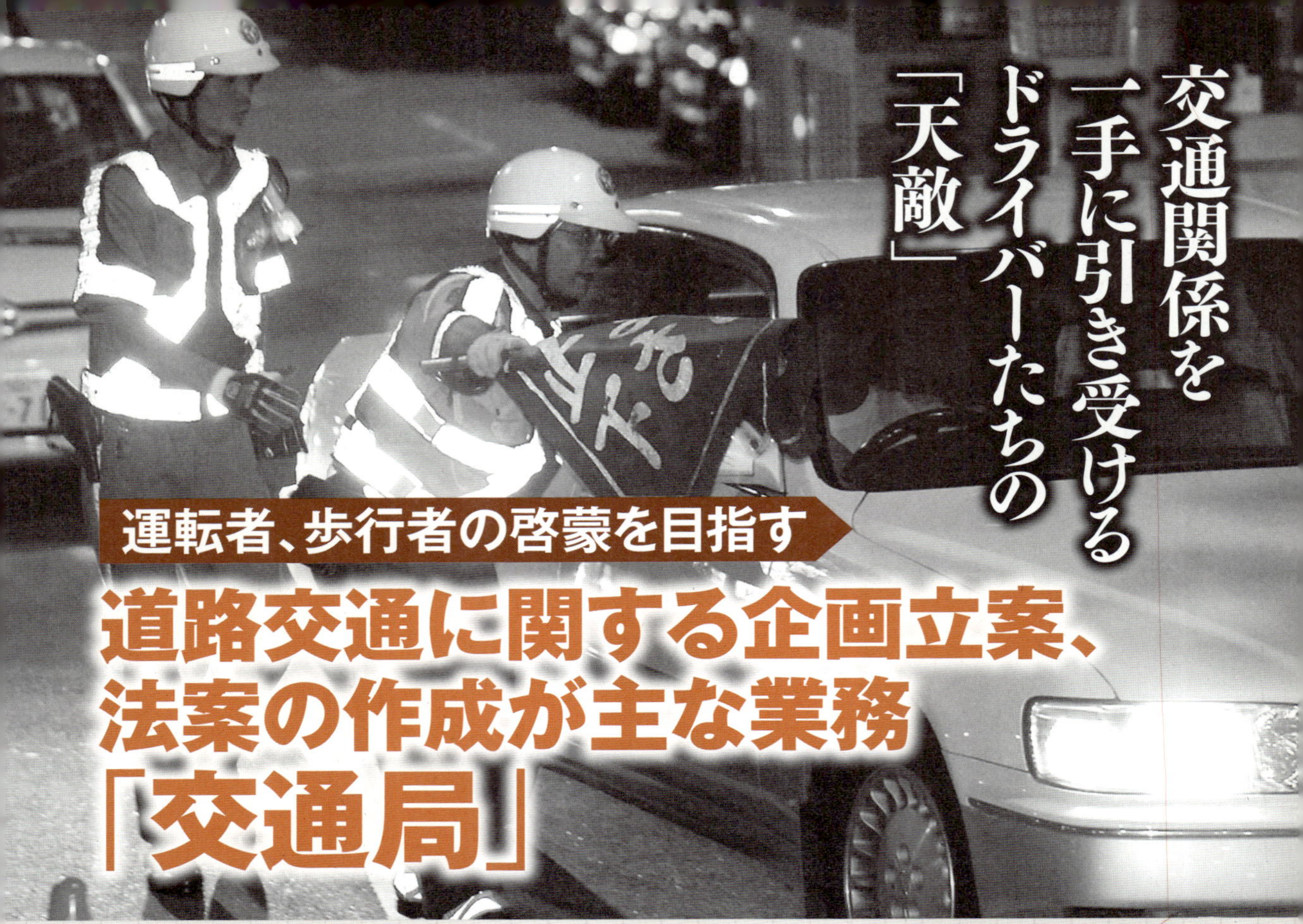

交通関係を一手に引き受けるドライバーたちの「天敵」

運転者、歩行者の啓蒙を目指す

道路交通に関する企画立案、法案の作成が主な業務「交通局」

取材・文●花山十也　写真●産経新聞社

戦後の「交通戦争」を機に重要性を増したセクション

道路交通行政の施策を企画立案するとともに、道路交通に関する法案や統計の作成を行う。警察法第23条の2でも、「交通局においては、警察庁の所掌事務に関し、交通警察に関する事務をつかさどる」と、ほかの警察庁各局と比べ、いたって簡潔に規定されている。

簡潔である分、その重要性を認識しづらい面があるのも否めない。警察庁交通局の役割と取り組みを理解するには、局が誕生した背景と、現在までの社会変容をひもとくのが手っ取り早い。

1962年4月、警察法改正にともない誕生した警察庁交通局。当時の日本経済は、世界でも類を見ない高度成長の真っ只中。GNP（国民総生産）では先進諸国を追い抜き、個人消費も急速に拡大。テレビ、電気冷蔵庫、電気洗濯機のいわゆる「三種の神器」の普及がひと段落すると、国民の興味は「3C」と呼ばれる3種の大型耐久消費財へと進んでいった。3Cのひとつが「Car」、自動車だ（ほかの2つは、クーラーとカラーテレビ）。

国の経済成長と個人の所得増大にともない、欧米からやってきたモータリゼーションが進展。それに対応すべく、主要都市を中心に道路の整備も加速。国内の自動車保有台数が630万台に達した1965年、名神高速道路が開通。1969年には、東名高速道路も完成。ハイウェー時代の到来だ。

自動車の普及、道路の整備が進むと、当然のごとく増えるのが交通事故。当初はトラックなどの商用車が中心だったが、次第に小型の乗用車を運転する人が増え、それにつれて交通事故件数がうなぎのぼりに上昇。特に歩行者や自転車など、道路交通上の弱者が自動車にひかれる事故が急増。1959年には、交通事故による死者数が1万人を突破した。

この数字は、2年間で1万7282人の日本人戦死者を出した日清戦争を上回るペースだったことから、「交通戦争」とも呼ばれるほどの社会問題に発展。国内自動車保有台数が約8200万台にまでなっている現在に、交通事故による死者数が年間3500人ほどであるのを考えても、当時の事故件数がどれほど多かったかがうかがえる。

交通管理で事件捜査に貢献 過度な取り締りには批判も

1962年に新設された警察庁交通局は、時代に求められて生まれた部署だと言えるだろう。当時、交通安全に必要なものとして、「3E対策」というフレーズがしばしば用いられた。3Eとは「Education（教育）、Enforcement（法制）、Engineering（技術）」の略で、教育と法制は、まさしく交通局が取り組むべき事案だった。

実際に交通局が企画立案した施策のひとつが、道路標識や交通信号機の設置だ。また教育に関しては、運転者だけでなく歩行者への啓蒙も行った。全国的に実施した交通安全運動では、運転者に対して「歩行者の安全な横断の確保」を呼びかけるとともに、歩行者には「止まって、見て、待って歩く」「横断の際、手を上げて合図する」ことを推奨。いまでこそ、小さな子供でもできる安全確認の基本だが、歩道と車道の区分はあいまいで、決まった場所で道路を渡る習慣もなかった時代には、こうしたことから教育していく必要があったのだ。

こうした啓蒙運動（教育）や自動車交通犯罪の罰則強化（法制）などのかいもあり、1970年のピーク時には1万6765人だった死者数が、1979年には8048人と約半数に減少。しかしその翌年の1980年には再び増加に転じ、1988年には1万人を超えて「第2次交通戦争」と呼ばれる状況に。『警察白書』では、「自動車交通の成長に交通違反取締りを行う警察官の増員や、交通安全施策等の整備等を推進するための予算を国や地方公共団体が十分に措置できなくなったため」と総括している。皮肉にも、警察庁交通局による交通安全施策の企画立案や、それに基づき行われる都道府県警察交通部の取り締まりが、極めて重要な役割を持つことを証明する結果になったわけだ。

道路上の環境変化に、運転者と歩行者、さらには法制もついていけず、事故や死亡者が激増した交通戦争時代の状況は、高齢者による事故の増加や、自動運転の実用化が進む現在の事情にも通じる部分がある。今後、交通局が進めていくであろう施策や法案に期待したいところだ。

取り締りによる「利権」と「情報収集力」が警察権力の大きな源泉につながった

全国の白バイ隊員の総元締めが交通局

公式情報だけでは
全体的な実態が
掴みづらい秘匿体質

「公安警察」を管理・監督

ベールに包まれた組織「警備局」

取材・文●花山十也　写真●産経新聞社

警察庁警備局の源流は「特高」の総元締め

警備や警護に関する制度・施策の企画立案、同情報の収集と総合分析、各都道府県の警備警察の統括・調整などが主な役割。内部部署に警備企画課、公安課を擁するとともに、独立部門として外事情報部と2019年新設の警備運用部が属する。

外事情報部は、外国人および活動拠点が外国にある日本人が関わるテロやスパイ活動などを担当。警備運用部は、大規模な警備や災害、テロ発生時の調整・対処機能の強化が目的。2020年の東京オリンピック開催が背景にあるのは言うまでもない。

警察法に記された規定を読めば、概ねの成り立ちが想像できる局がある一方で、そうした文言や警察庁の公式情報だけでは、全体的な実態が掴みづらいのがこの警備局だ。その理由は、警備局の沿革によるところが大きい。

現在の警察庁警備局の源流は、1947年まで存在した内務省の内部部門「警保局保安課」に遡る。悪名高き、かの「特高」の総元締めと言った方が、通りがいいだろうか。

1920年代、反政府的な団体や個人を監視し、共産主義者や反戦自由主義者に非人道的な取り調べを行ったことで知られる「特別高等警察」。警視庁をはじめ全国の道府県警察にいくつも設置された特高だが、それぞれの地方長官や警察部長には統括されず、警保局保安課がすべての特高に対して直接指揮を下した。警保局保安課が「特高の総元締め」と言われるゆえんだ。

戦後、GHQの人権指令を受け、警保局保安課および特別高等警察は廃止。それにともない新たに設置されたのが内務省警保局公安課、いわゆる「公安警察」だ。

その後、幾度もの解体や統合を経て、1954年、内務省警保局公安課の流れを汲む旧国家地方警察本部警備部は、新警察法に基づき「警察庁警備部」に改組。現在と同じ警備局となったのは1957年のことだ。そこまでの経緯では、かつての特高警察官たちの多くが公安に復帰し、その経験やノウハウを組織づくりに生かしている。「実態が掴みづらい」といった警備局の体質も、特高譲りの組織運営に起因しているのかもしれない。

全国の公安の頂点に立ち統括するのが警察庁警備局

警備局や都道府県警の公安担当部署に共通する秘密主義は、公安警察ならではの命令系統の影響もあるだろう。警視庁公安部をはじめ全国の公安の頂点に立ち統括するのが警察庁警備局である。とはいえ、警察庁刑事局と県警刑事部の関係のように、通常、現場の警察官たちは警察庁からは独立して捜査活動を行う。ところが公安においては、警察庁警備局の命令が直接各地の公安警察に下される。命令系統を一本化することで、情報の漏えいや各県警同士の対立を防ぐ狙いがあるという。結果として、公安内の情報は公安関係者だけが知るものとなり、公安警察の秘匿体質に繋がっているのだ。

国家に対する犯罪を未然に防ぐため、非合法な諜報活動も辞さないという職掌の性質上、警備局をはじめとする公安警察が隠匿性を持つのは、致し方ない面もある。実際、警察庁警備局には、決して公にはされない部署があるという。

非合法工作さえ行うとされる警備局内の秘密部署「ゼロ」

警備局内では警備企画課に属し、コードネームで「ゼロ」と呼ばれる秘密部署。全国で行われている諜報活動の協力者運営を管理し、各地の公安に在籍する直轄部隊への指示と教育を行う。要は、非合法工作活動のオペレーションルームといったところだ。

かつては、警備局公安第一課に属し、警察大学内の「さくら寮」と呼ばれる建物のなかに拠点が置かれていたため「サクラ」と通称されていたが、1986年に起きた日本共産党幹部宅盗聴事件でサクラの存在と非合法活動が発覚。これを受け、1991年に警備局警備企画課の下に入り、拠点も東京都千代田区にある警察総合庁舎に移されたことから、コードネームを「チヨダ」に改称。しかし、オウム事件関連の報道でチヨダの存在が取り沙汰されるようになったため、「ゼロから出発する」「存在しない組織」などの意味を込めて「ゼロ」に改めたとされるが、現在でも公な部署ではなく、正式な名称も不明だ。

ちなみに「公安警察」も正式な名称ではなく、警察庁警備局以下、同局公安課、警視庁公安部、各道府県警察公安部署などを総じて指す俗称だ。また、混同されがちな「公安調査庁」は法務省の外局で、破壊活動や国際テロから公共の安全の確保を図るという任務は公安警察にも通じるが、公安調査庁が行うのは監視と情報収集まで。対象を直接取り調べ、拘束する権限は持っていない。こちらは「公安庁」「公調」と呼ばれるのが一般的だ。

日本中の警察官だけでなく民間警備企業も民間ボランティアも総動員

合計5万850名！ 総予算1600億円！ 警察庁「史上最大の作戦」

どうなる！ 天皇即位行事と東京五輪の警備

1964年の東京五輪。訪問外国人は今とくらべ非常に少なかった

取材・文●西本頑司　写真●産経新聞社

テロ対策を含めた「国際対応」が極めて重要

２０２０年７月24日に開幕する東京オリンピックでは、日本警察史上最大の「警備体制」で挑む。

オリンピックの閉会式が８月９日。続くパラリンピックが８月25日から９月６日という期間中、その安全を確保すべく警察庁は、警視庁を筆頭に各都道府県警察本部から２・１万人の人員を確保。オフィシャルパートナーとなった民間警備企業ＡＬＳＯＫ、セコムから１・４万人の警備員を動員、これに警察ＯＢなどの民間ボランティア９０００人、さらに会場の多くが湾岸部となって海上警備のために海上保安庁８５０人に応援を要請した。消防・救急要員６０００人を加えれば合計５万８５０名、総予算１６００億円と、警察庁が「史上最大の作戦」と豪語するのも頷けよう。

前回の大会（１９６４年）では、94カ国、６５５０人の選手・役員が参加、天皇皇后両陛下を筆頭に国内外の要人など多数を迎え、当時の警察庁はオリンピック東京大会対策本部を設置し、関係都道府県警察を総動員した。だが、当時は戦後復興期ともあって、外国からの訪問客は大会関係者を含めて５万人規模にすぎなかった。

今回は、この外国人訪問客が圧倒的に違う。オリンピック招致委員会は、大会期間中の観客数は１日当たり92万人と推定していたが、２０２０年には３３００万人の訪日観光客が見込まれ、うち半数近い１４００万人相当が東京首都圏に集中する。この現状を鑑みれば１日当たりの外国人観客数は３万人前後となり、前回の外国人訪問客数をわずか２日で超える。３３００万人の外国人観光客数は、２０１２年、五輪のあったロンドンに匹敵する。国際観光都市として長い歴史を持つロンドンと違い、東京の国際観光都市化は、この10年来のものだ。今回の警備では、テロ対策を含めた「国際対応」が極めて重要となっているのである。

北京五輪（２００８年）では、

日本警察史上最大の警備体制の中心は神宮球場に設置される

中国政府が国の威信をかけ、総予算4000億円、140万人の軍隊ボランティアを動員し、ある意味、力ずくで安全を確保した。

　同じ手法を日本で採るわけにいかない以上、限られた予算と人員のなかで、いかに「賢く」対応するか。そこで重要となるのは各組織の連動である。警備には各都道府県の警察本部から集めた警察官、民間企業の警備員、ボランティア、海保職員など多岐にわたる。これらをうまく連動させてこそ安全は確保できるからだ。

五輪警備体制に応用される天皇即位行事とラグビーW杯

　その意味でかっこうのシミュレーションとなるのが、新天皇即位による海外要人へのお披露目となる2019年10月22日の「即位礼正殿の儀」と「饗宴の儀」であろう。前回の1990年11月12日の「即位の礼」には、約160の国・機関の要人が参列、うち元首級の来日は66カ国、王族、首相級は53カ国、約2200人が参列。警視庁は、1日あたりの動員数として過去最大となる約3万7000人態勢で皇居周辺や「祝賀御列の儀」などの警備にあたった。今回の要人の来日は、前回以上と見込まれている。加えて9月20日からはラグビーW杯日本大会が開幕する（11月2日まで）。つまりオリンピック警備の最大の山場といっていい開幕式と閉幕式の警備体制をチェックするにはうってつけの日程となるはずだ。

　すでに5月1日の即位の礼では、1日当たり数千人の機動隊員が出動、皇居周辺で車両突入テロを防ぐための車の検問などを実施。小型無人飛行機ドローンを使ったテロに備え、電波を使って操縦できなくする「ジャミング（電波妨害）」装置を扱う部隊も初めて導入し、見事、テロを封じ込めている。10月22日にかけた警備体制は、そのままオリンピックの警備体制へと応用されることになろう。

　警察庁は2017年、総合対策本部を設置して対応策を練ってきた。2018年4月1日からは警備の中心となる機動隊の制服にも62年ぶりに新デザインを導入、外国人向けに「POLICE」の文字を入れた。これはパトカーも同様で各県警本部名しかなかったが、いまでは、その下に「POLICE」と入れている。

　また大会期間中の「暑さ対策」のために、やはり2017年、保冷剤入りの冷却ベストを開発。一部で先行運用を開始、2020年までには現場の警察に全面採用する予定だ。同様に外国人対策としては、現場で警備を担当予定の警察官への語学研修も実施してきたが、それだけでは対応不足として警察専用スマートフォン「ピーフォン（ポリスフォン）」に21カ国語対応の翻訳アプリケーションを導入、すでに運用しており、現場の警察官からの評判も悪くないという。

　日本警察史上最大の警備体制の中心となるのが、実は「神宮球場」だ。神宮球場はメインスタジアムの新国立競技場に隣接している。そのため大会期間中は関係者や来賓の待機場所や資材置き場として使用が決定した。2020年7月6日から9月13日までの70日間、神宮球場は警備本部として機能することになる。

　警察組織の威信をかけ、ここまで万全の準備をしてきたのだ。「最も安全なオリンピックだった」いう国際評価を得てもらいものである。

五輪を想定したテロ訓練が始まっている

エリート養成の警察大学校 研究・実験が主任務の科警研 皇族を守る皇宮警察

警察庁の付属機関として存在

警察大学校 科学警察研究所 そして皇宮警察

取材・文●福田晃広（清談社）　写真●産経新聞社

幹部候補生のみ入る 警察大学校

警察庁の附属機関は、文部科学省の所管下ではない省庁大学校である「警察大学校」、「皇宮警察本部」、「科学警察研究所」の３つ。それぞれ何を行なう機関なのか、説明しよう。

警察大学校は東京都府中市にあり、国家公務員総合職試験（旧国家公務員Ｉ種）に合格した幹部候補（キャリア）の警察官が必要な知識、技能、指導能力、管理能力を身につけるために、最初に入る教育訓練施設だ。組織上は省庁大学校となっているが、一般の高卒者の入学は行なわれておらず、防衛大学校や気象大学校のように課程修了による学士の単位も得られない。入学者の多くは、国家公務員として採用された警察官だが、都道府県警察採用（地方公務員）の警察官が幹部になった場合には、警察大学校に入学して、必要な教育を受けることになる。

科学警察研究所は、「科警研」と略されて呼ばれ、警察庁刑事局に所属する附属機関だ。科学捜査、犯罪防止、交通事故防止、交通警察に関する研究・実験や、警察内外の関係機関から依頼された証拠物などの科学的鑑識・検査を主な任務としており、鑑定技術職員の指導や研修も行なっている。近年、多発する凶悪広域犯罪・異常凶悪犯・急増する交通事故などの解決に向けてあらゆるプロジェクトが推進されている。

自動車ナンバー自動読取装置（通称・Ｎシステム）もこの研究所が民間企業と合同でつくったもので、各種の最新警察機器の開発も行われている。似た名前の組織として科学捜査研究所（科捜研）が存在するが、これは各都道府県警察本部刑事部に設置されている機関で、「法医」「化学」「物理」「文書」「心理学」という、５つの部門に分けられる。ただ、研究員の多くは警察官ではなく技術職員という立場なので、捜査権も逮捕権も持っていない。科捜研では扱えない大規模な分析が必要な場合、科警研が担当する。犯行現場に残された遺留品は、事件や事故の真相を解明し、犯人逮捕につなげる重要なカギになる。これを扱う科警研は、どんな小さな破片からも真実を探し出す「スペシャリスト集団」なのだ。

皇宮警察護衛部では乗馬・スキー・テニスの素養も必須

皇族を守ることが最優先 犯罪捜査は二の次

皇宮警察は、天皇皇后両陛下や皇族各殿下の護衛と皇居、御所、御用邸などの警備を専門に行う機関。1886年、宮内省に皇宮警察署として誕生。その後、幾多の組織的な変遷を経て、1954年、新警察法制定に伴い警察庁の附属機関となり、「皇宮警察」と改称されて現在にいたる。創立以来、皇室守護を目的とした国家機関で、大きな使命と伝統を持つ。職員は、皇宮護衛官、警察庁事務官、警察庁技官で構成され、身分はいずれも国家公務員だ。そのなかで皇宮護衛官は、警察庁の附属機関である皇宮警察本部に所属し、一般の警察官とは採用の時点で別扱いされている。

高校もしくは大学を卒業後、皇居内にある皇宮警察学校に入校し、高卒者は約10カ月、大卒者は約6カ月の研修を受け、皇居内にある皇宮警察本部、または全国4カ所にある「護衛署」（一般の警察でいう警察署に相当）に配属される。任務はすべて皇族を守ることが最優先。一般の警察官とは違い、犯罪捜査は二の次だ。ちなみに皇宮警察は、唯一消防活動を行う警察でもあり、万が一火災が発生した場合の消火活動に加え、絶対に火災が起こらないよう予防活動を行っている。

皇宮警察本部の組織は2部10課、4護衛署及び皇宮警察学校によって構成されている。護衛部は天皇皇后両陛下・皇族各殿下の安全を確保するため、常にいちばん近くで護衛を担当。護衛のスキルに加えて、乗馬・スキー・テニス・外国語などの幅広い素養を身につけることも求められ、日常の教養や研修、訓練によって高度な技術を培っている。また、各国の元首や大使・公使の皇居参内時には、騎馬やサイドカーで護衛にあたるのも仕事のひとつだ。

警備部と4護衛署では、皇居、赤坂御用地、京都御所、大宮仙洞御所、桂・修学院離宮、正倉院、御用邸などの警備が任務で、天皇誕生日、新年一般参賀、園遊会などの警備に必要な企画・立案をはじめ、装備資器材の配備・開発運用なども行っている。また、突発対応部隊として特別警備隊が置かれており、有事に備え日々さまざまな訓練を行っているほか、皇居宮殿などで行われる皇室行事の際には、その厳粛な雰囲気を保持しながら、特別な儀礼服を着用して警戒にあたる。そんな皇宮警察が皇室の身を守るため、日々訓練に励み、万が一の事態に備えているのだ。

皇太子時代の天皇陛下。皇居の周囲をジョギング中も皇宮警察が警備にあたる

東京五輪を前に存在感を増している情報システム部門

情報システム、セキュリティの専門部署

警察独自の通信ネットワークを構築「情報通信局」

取材・文●福田晃広（清談社）

「技官キャリア」が支配する高度な専門性を有する部署

　情報通信局は、警察の神経系統である情報通信基盤の整備や、警察庁のデータベース管理を受け持つ。ほかにも、全国の警察で使われている情報システムの企画立案や整備・運用、警察内部の情報セキュリティに関する施策の推進、デジタル・フォレンジック（犯罪の立証のためのメールや帳簿データ、アドレス帳などの電磁的記録の解析技術およびその手続き）なども行なっている。

　情報システムの運用とは具体的にどういうものかというと、独自に整備・維持管理している無線多重回線、電気通信事業者の専用回線、衛星通信回線などのネットワークを使い、警察庁、管区警察局、警察本部、警察署、交番などを結ぶ。そして、車載通信系（警察本部を中心に警察署、パトカー、警察用航空機などを結ぶ無線通信系）、署活系（警察署を中心に所属する警察官を結ぶ無線通信系）、携帯通信系（機動隊による部隊活動など、局所的な警察活動での無線通信系）といった各種の移動通信システムを構築し、警察業務を遂行する上で不可欠な情報の伝達を実現することを指す。

　情報通信局に所属している者は警察官ではなく、「警察庁技官」

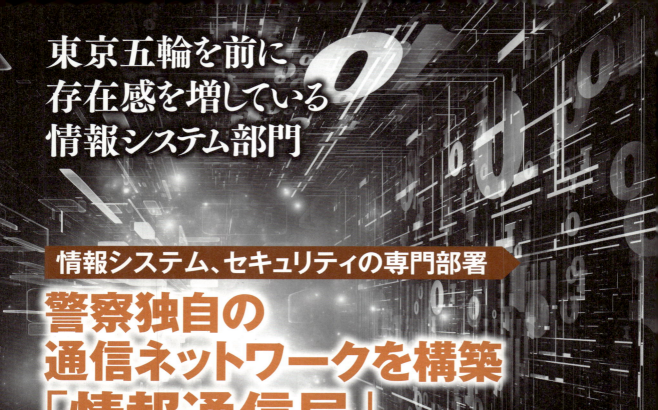

ハイテク化する五輪の警備も課題

中心である点がほかの部局とは大きく異なる。局長を筆頭に、局内の多くの管理職は技官キャリア組で埋まっている。

警察庁の情報通信局が頂点にあり、そのほかにも全国7つの管区警察局情報通信部と、都および道警察情報通信部、管区局内部組織の府県情報通信部という組織がある。北海道は広域であることと、地理的な事情からどの管区にも属していない。東京都の警視庁も首都警察の機能を有するため、関東管区から独立している。その理由から、この2つの地域には管区警察局の代わりに〝情報通信部〟が別に設置されているのだ。

民間からも専門家を積極的に採用

情報通信部に配属される職員は、情報通信職枠において警察官とは別に、〝情報通信職員〟として採用される。採用は本庁（キャリア）と管区（ノンキャリア）に大きく分けられる。また、特殊な任務を行うために別局において採用される情通職員が少数いる。情報通信職員の大多数は技官であるが、庶務業務を行なう事務官も若干名在籍する。なお、警察庁技官＝情報通信職員ではなく、情報通信職員以外にも科学警察研究所などにも警察庁技官がいる。また、情報通信局および情報通信部には少数ながら警察官も配置されている。ただし、近年は、多様化するネット犯罪に対処するため、従来の技官中心で構成されていた限定的な組織体制を改める方針に変わり、技官出身以外の警察職員・警察官も配置し、積極的にネット犯罪対策を行なっている。また、ネット犯罪以外にも脅威なのがSNS、インターネットバンキング、IoT関連のサイバー犯罪だ。警察庁でも、このようなサイバー空間の脅威に対処すべく、民間からも専門家を積極的に採用しようとしている。

警察庁の情報通信局に話を戻すと、この情報通信局にはさらに情報通信企画課、情報管理課、通信施設課、情報技術解析課の4つの課に役割が分けられている。

そして、全国警察の情報通信職員の最上位である情報通信局長は、警察法第34条第3項の規定により、警察官以外の警察庁職員が就任する決まりだ。

情報通信局長は警察官以外の警察庁職員が就任

現在、情報通信局長である彦坂正人は、警察庁入庁後、関東管区警察局神奈川県通信部からキャリアを始め、北海道警察通信部無線通信課係長、警察庁情報通信局など、情報通信畑で着実に力をつけた後、島根県警察本部長、九州管区警察局総務監察部長、東京都警察情報通信部長などを歴任後、2019年から現職だ。

2020年には東京五輪・パラリンピック大会が開催されるため、技術系の国家公務員から構成された「機動警察通信隊」が重要な役目を果たすだろう。この部隊は、大規模な災害や事故が発生すれば、直ちに出動し、現場での警察活動に必要な警察無線の通話エリアを広げたり、現場の状況をハンディカメラで撮影し、衛星通信回線などを駆使したりして、警察本部や総理官邸にリアルタイムで送信するなどといった活動任務を担っているからだ。

すべての警察組織の中でエリート中のエリートたちのすごすぎる出世の実態

あまりにも違うノンキャリアとの人生

「キャリア官僚」たちの別次元の世界

三浦正充現・警視総監（2019年）も警察庁のキャリア出身

取材・文●福田晃広（清談社）　写真●産経新聞社

異次元の出世が約束されたエリートたちの別格扱い

全国で約30万人いるといわれている警察官。そのなかで国家公務員総合職試験に合格し、警察庁に採用された約500人の精鋭たちがいわゆる「キャリア組」だ。毎年15〜16名、多いときでも20名程度が入庁し、ほぼ35年間にわたって勤務する。その多くが東大法学部卒かつ国家公務員試験に上位で合格した者たちで超エリートだ。試験の合格者でも点数が低ければ、警察庁に入ることはほぼ不可能だという。

キャリア以外のその他の警察官は、警視庁、全国各道府県の警察本部が採用した高卒・大卒問わない「ノンキャリア組」が大勢を占める。小説やドラマなどでは、キャリアとノンキャリアの対立が描かれることもある。しかし、実際のところ比較すること自体無茶だと思えるほど、歴然とした差が存在しているのが実態だ。

警察ノンキャリアは、高卒、大卒問わず階級がいちばん下の巡査からスタート。上に行くためにはすべて昇任試験に合格しなければならない決まりになっている。元警視庁OBが言うには、普段の勤務がおろそかであっても、試験に合格すれば昇進していくのが警察社会だという。

一方の警察キャリアは、いきなり巡査、巡査部長の上の警部補として入庁直後、人事院と警察大学校で約5カ月間の研修からスタート。この間、警察行政や捜査実務のほか、拳銃や柔道、剣道の訓練、交番勤務も経験する。それから警察大学校に戻り、再度研修を受けた後、警部に昇進。大都市圏の県警などに1年間赴く。その後、2〜3年間は警察庁の各課に配属され、係長として行政の仕事を行い、海外留学か警察署に出て刑事課や警備課、交通課などの課長代理として現場経験を積む。

キャリア組は、採用7年目を迎える29歳前後に無試験で警視に一斉昇任する。他方、ノンキャリア組は、もっとも早く警視に昇任しても45歳程度であるため、両者の差は歴然だ。

ノンキャリアとの差は歴然 キャリアたちの昇進コース

警視になったキャリアは、5～6年の間、警察庁と県警、または他官庁を行き来する。警察庁の課長補佐として企画立案や行政文書の作成などにあたる。そのほかに県警本部に出る場合は、捜査二課長や外事課長、警視庁捜査一課のナンバー3である管理官などを務める。

35歳前後の年齢になると、警視正に昇進する者もちらほら出始める。警察署長や大使館勤務を経て、警察庁の理事官などに就任。署長になる場合、かつては東大近くにある本富士警察署長や目黒警察署長などが定番とされていたが、最近は三田署など別の警察署に配属されるケースも増えてきているようだ。

40歳前後になると、小規模県警の警務部長に就く者が出てくる。この場合、本部長になる時と同様、地縁・血縁との関係を避け、原則出身県は除外されることになっている。小規模県警とは、具体的に言うと「警視庁、北海道警および14の大規模府県警（京都・大阪・宮城・埼玉・千葉・神奈川・新潟・静岡・愛知・兵庫・岡山・広島・福岡・熊本）を除いた県警を指している。ただし、小規模県警の中には捜査部門が拡充され、本部長席が警視監ポストである県警（福島・茨城・栃木・群馬・長野・岐阜・山口・長崎・沖縄）があり、これらは中規模県警と呼ばれることもある。

45歳前後で、階級は警視長になり、警察庁直轄の警視庁、北海道県警を除く大規模府県警の警務部長、管区警察局の部長などを務める。そして、47～48歳には小規模県警の本部長や警察庁の課長となる。50歳を超えると、警視監としてほぼ全員が警察中枢幹部となる。大規模県警を中心とした県警の本部長や警視庁の部長などを務め、その後警察庁の審議官などを経て、管区警察局長や警察大学校校長、警察庁の局長へと昇進していく。しかし、管区警察局長、警察大学校長までで退職する者がほとんどであり、その中で限られた者だけが、最後に残された警視総監、警察庁長官への階段を上っていくことになる。

ノンキャリアは階級だと警視長止まりで、もっとも出世した者でも小規模県警の本部長、警察庁の課長がせいぜい。最初に述べたようにキャリアとノンキャリアでは、待遇の違いが鮮明すぎて対立すら起きないのが本当のところなのだ。

キャリアとノンキャリアでは待遇の違いが鮮明すぎて対立すら起きない

■キャリアの出世コース

22歳	警部補として警察庁入庁
23歳	警部に昇進、地方の県警本部での研修も
26歳	警視に昇進
30歳	警視正に昇進
30代後半	そろそろ“間引き”が始まる
40代半ば	警視長に昇進
50代前半	警視監に昇進

■ノンキャリアの出世コース

高校卒の場合		大学卒の場合	
18歳	警察学校入校	22歳	警察学校入校
19歳	巡査	23歳	巡査
23歳	巡査部長	25歳	巡査部長
27歳	警部補	27歳	警部補
31歳	警部	31歳	警部

※警視への昇進は昇任試験ではなく推薦で

序列最高位の警察庁長官は階級制度外の警察官

巡査から頂点の警視総監まで

警察の「階級」社会

取材・文●福田晃広（清談社）　写真●共同通信社

『こち亀』の両津勘吉は巡査長 中川圭一、秋本麗子は巡査

警察官の世界は、歴然としたピラミッド型で成り立っている。いちばん下から巡査、巡査部長、警部補、警部、警視、警視正、警視長、警視監、警視総監の全9階級と定められている。警察庁長官は最高位なのだが、警察法により、階級制度外の警察官なので階級のトップは警視総監。また、巡査と巡査部長の間に巡査長という職名が実はあり、これは巡査経験の長い者などのうち、勤務成績の優秀な巡査に与えられるものだ。

　では、それぞれの階級の具体的な仕事内容を巡査から警察庁長官まで順番に見ていこう。地方警察官採用試験に合格し、都道府県警察に採用されたいわゆるノンキャリアは、高卒、大卒問わず、最初は巡査としてスタートする。警察学校卒業後は、各警察署に配属され、交番や駐在所などで勤務。各部署で担当する事件の捜査や事務に当たる。ちなみに漫画・アニメで知られる『こちら葛飾区亀有公園前派出所（通称・こち亀）』に登場する中川圭一や秋本麗子は巡査だ。

　先ほど述べたように正式な階級ではないが、巡査長についても説明しよう。巡査長の主な仕事・役割は、担当課の指導係員として巡査の指導を行うこと。給与も巡査より上だが、厳密には巡査に属し、仕事内容も通常の巡査と同じ。『こち亀』の主人公である両津勘吉は、この巡査長にあたる。

　続いて巡査部長は、警察庁・警視庁・警察本部の係員や、警察署の主任として係の担当業務に従事しつつ、初級幹部として上司である警部や警部補を補佐し、部下である巡査の指導監督を行うことが仕事。巡査から巡査部長への昇任試験を受けるには、大卒の場合は採用後2年、短大卒では同3年、高卒は同4年という期間が定められている。昇任試験では法学や実務の問題が出題される以外にも実技試験や面接なども課せられる。

　次の警部補は、警察庁・警視庁

の主任、道府県警察本部・警察署の係長などの職務に従事し、現場責任者として指揮命令を発する仕事・役割を担うポジション。部下である巡査部長や巡査の指導監督を行うとともに、自らも実務に当たるため、プレーイングマネージャーと称され、勤務評定を実施する立場となる。警部補への昇任試験の受験資格は、巡査部長になるときと同様だ。

『相棒』の杉下右京は警部 警察官全体の約6パーセント

警部補の次の階級である警部は、警察庁・警視庁の係長、道府県警察本部の課長補佐、警察署の課長などの役職に就き、各担当分野の責任者として部下を指揮する。ノンキャリアの場合、警部補としての実務経験が4年以上あれば、警部への昇任試験の受験資格が得られ、警部への昇任試験からは学歴の区分がなくなる。一方のキャリアの場合、採用直後の研修と交番等の実務経験及び警察大学校での研修を約1年5カ月ほど受けたあと、一斉に警部へ昇任。警部の定員は、警察官全体の約6パーセント。『相棒』シリーズの主人公・杉下右京も警部だ。

その上にある警視は、警察庁の課長補佐、警視庁の課長・管理官、道府県警察本部の課長・管理官、警察署の署長・副署長などの役職に就き、担当所属の業務を掌握して、部下の指揮監督にあたる。昇任は、警部としての実務経験年数と選考で決まる。ただし、警視の定員に空きがなければそもそも昇任はできない。

警視の上の階級になる警視正は、警察庁の室長・理事官、警視庁の参事官・課長、道府県警察本部の部長、警察署の署長といった役職につき、組織の管理運営の責任者として部下を指揮・監督する。都道府県警察採用の警察官が警視正以上の階級に昇任したときは、地方警務官と呼ばれる国家公務員に身分が切り替わり、任命権者も警察本部長から国家公安委員会に代わる。

警視長は、警察庁の課長、警視庁の部長、道府県警察本部の部長・本部長などの役職に就き、指揮・監督にあたる。キャリアは勤務成績優秀者から順次昇任するが、ノンキャリアにとっては、警視長が最高階級だ。

いよいよ警視長の次に位が高い警視監は、警察庁の次長・局長・審議官、警視庁の部長・副総監、道府県警察本部の本部長などの役職に就き、指揮監督を行う。キャリアは原則として全員警視監に昇任するが、定員は警察官全体の1パーセント未満のエリートだ。

そして、最上級の警視総監は、他道府県警察本部長と同じく、警察庁長官の指揮監督を受けるとともに、警視庁の事務を統括し、所属の警察職員を指揮監督することだ。ただし、全国の道府県警察本部長が警視監ないし警視長であるのに対し、首都の警察の長として治安維持を指揮する警視総監は、法的には他道府県警察本部長と同格ながら、特別重要な地位にある。

最後に真のトップである警察庁長官は、国家公安委員会の管理のもと、警察庁が所掌する事務について都道府県の警察機関を指揮・監督する重要な役割を担う。また、大規模災害などが発生し、内閣総理大臣が緊急事態を布告した際、その区域を管轄する都道府県警察の警視総監や警察本部長に対して必要な命令・指揮を行う強大な権限も有している。

■警察官の階級「誰がいちばん偉いのか」

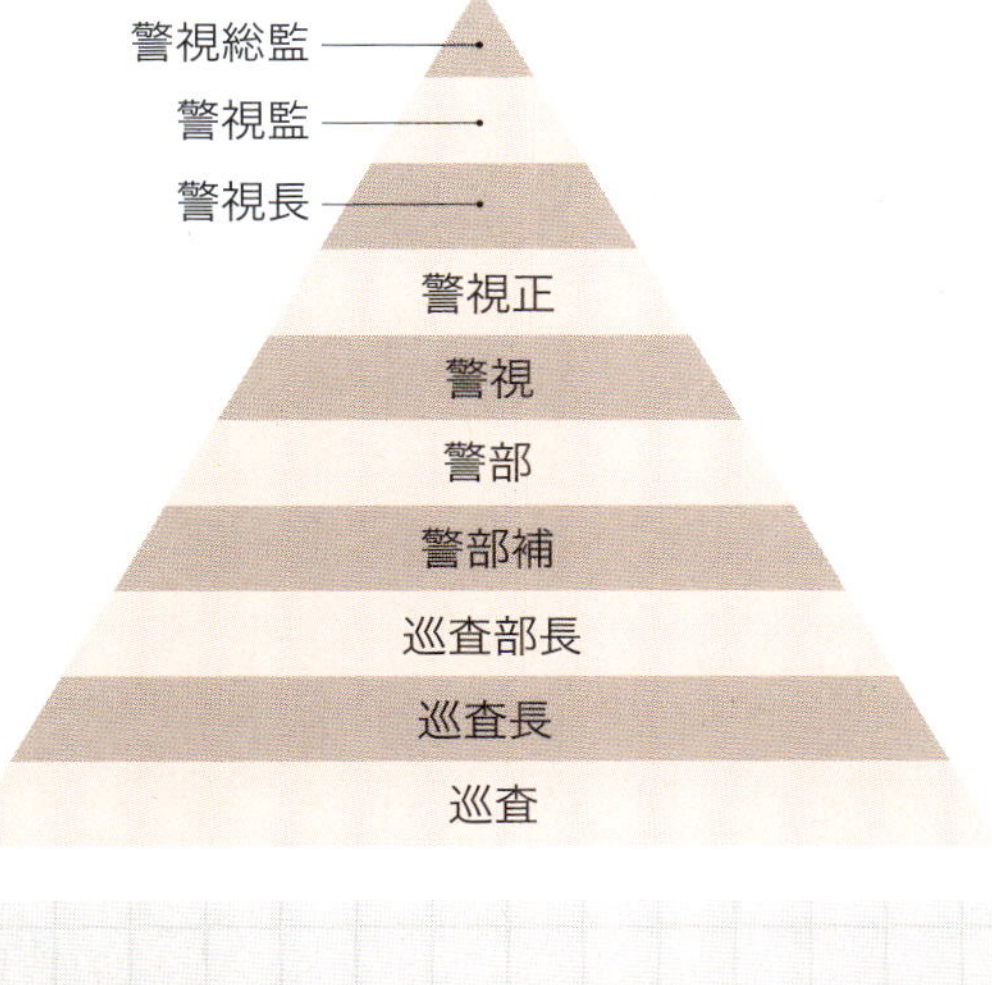

30万人のトップに立つ栗生俊一警察庁長官。東大出身の海外派として知られる

警察内で総理大臣に直接上申できる唯一の階級

出身大学はほとんどが東大法学部

歴代「警察庁長官」出世と昇進コース

取材・文●福田晃広（清談社）　写真●産経新聞

トップの警察庁長官は他省庁の事務次官クラス

中央官庁のひとつでもある警察庁は、国家公安委員会の「特別の機関」で、警視庁や各都道府県の警察を統括する役割を持つ全国組織だ。具体的な仕事として、警察制度の企画立案、緊急事態に対処するための計画、警察通信・装備、防犯鑑識・統計、広域捜査などの指導調整などがあげられる。ただし、都道府県警察は警察庁の組織下にはない。

簡単に警察庁の構造をざっと説明すると、長官の下（階級は警視監）が置かれ、さらにその下には次長長官官房と5つの局（生活安全局、刑事局、交通局、警備局、情報通信局）、3つの附属機関（警察大学校、科学警察研究所、皇宮警察本部）が組織されている。さらに地方機関として6つの管区警察局、2つの警察情報通信部がある。警察庁の職員はほぼキャリアで占められていて、逮捕権も持っていない官僚的な仕事がほとんどだ。

そのなかでトップの警察庁長官は、他の省庁でいう事務次官クラスにあたる。国家公安委員会が総理大臣の認証を得て現職警察官のなかから任命される。警察内で国家公安委員会や官邸（総理大臣や内閣）にも直接上申できるただ1人の人物だ。当然、このポストに就ける可能性の者はキャリア組でもごく限られていることは言うまでもない。

警察庁長官になるには、入庁成績の1番、2番、あるいはこれまでのキャリアで頭角を表した者だけといわれている。警視監の階級の者が就くが、就任と同時に警察法の定めにより、階級制度を適用されない唯一の警察官であり、通常、警察庁次長から就任する。また、警察庁次長への出世コースは、長官官房長、刑事局長、刑事局長と言われている。よく誤解されているが、警視総監から昇任するわけではない。そして、警察庁長官の職務は、警察庁次長によって補佐される。

減少傾向にあるとはいえ圧倒的に強い東大閥

徳島県警本部長は意外にも〝出世コース〟

２０１９年現在、警察庁長官の地位にある栗生俊一は、東大卒業後81年に警察庁に入り。徳島県警本部長、福田康夫首相の秘書官、警察庁刑事局長、官房長などを歴任したのち、16年8月に次長、18年1月18日に第27代警察庁長官に就任した。インドや米国の大使館にも勤務し、海外経験は豊富で、政界との太いパイプもある。意外にも徳島県警本部長は〝出世コース〟とされており、過去にも警察庁長官、警視総監になった者がそれぞれ一人ずついる。現在、内閣情報室長の北村滋も徳島県警本部長出身だ。

歴代の警察庁長官の出身大学を見ると、東大がほとんどで、そのなかでも法学部が圧倒的多数を占める。東大以外で警察庁長官に就いたのは、第9代山本鎮彦（東北大学法学部、１９７８年～１９８１年）と、第18代田中節夫（京都大学法学部、２０００年～２００２年）の２人のみだ。

山本鎮彦は、初の東大以外の大学出身者で、フランス語と英語を操る国際派として知られた。警視庁本富士警察署署長、警察庁警備局長、兵庫県警察本部長などを歴任。警察庁長官時には、日商岩井航空機疑獄事件（１９７８年）や、東京サミット（第５回）があった。退官後も警察庁ＯＢとしてトップに長年君臨し続け、警察庁を陰で牛耳るドンとして恐れられていた。旧内務省・特高警察の流れをくむ警察庁ＯＢによる秘密グループにも参加し、暴対法の素案を練ったり、警察庁人事に影響力を行使したりするなど、絶大な権力を握っていたとされる。

東大以外の大学出身者で２人目となった田中節夫は、１９６６年入庁後、警察庁交通局交通企画課理事官、警視庁警務部参事官兼人事第一課長、宮城県警察本部長などを歴任。２００２年に退官した後、２００６年６月から２０１２年６月まで日本自動車連盟会長を務め、２０１９年の現在は、一般社団法人日本自動車運行管理協会顧問となっている。

結局のところ、国家公務員総合職の東大出身者は、年々減少傾向にあるとはいえ、今後も東大閥が続くと予想される。

■警察庁長官「出世コース」例

●第12代　山田英雄（1932年生）

1953年	警察庁入庁
	警察庁警備局警備調査官
	警察庁警備局調査課長
	警察庁警備局公安第三課長
	警察庁警備局警備課長
	警察庁警備局参事官
	警察庁長官官房長
	警察庁警備局長
1984年	警察庁次長
1985年	警察庁長官

●第25代　金高雅仁（1954年生）

1978年	警察庁入庁
1989年	警察庁警備局外事1課
1990年	在イタリア大使館一等書記官
1995年	警視庁捜査2課長
2003年	警察庁人事課長
2011年	警察庁官房長
2013年	警察庁次長
2015年	警察庁長官

■警視総監「出世コース」例

●第67代　秦野　章（1911年生）

1939年	現在の国家公務員総合職試験に相当する、高等文官試験に合格、旧内務省入省
	兵庫県警刑事課長
	大阪府警刑事部長
	警視庁刑事部長
1967年	警視総監

●第90代　西村泰彦（1955年生）

1979年	警視庁入庁
1980年	警察大学校助教授
1981年	警察庁人事課
1984年	警視庁公安部外事第一課
1989年	在フィリピン日本国大使館一等書記官
1994年	警視庁警備部警備第一課長
1998年	警視庁警務部参事官兼人事第一課長
1999年	沖縄県警察本部長
2003年	警察庁会計課長
2010年	警察庁警備局長
2013年	警視総監

ほとんどの舞台設定は警視庁

人気「警察ドラマ」の組織と階級

主人公は組織の中で苦悩するか出世が遅いのが定番？

数あるドラマのジャンルのなかでも根強い人気を誇る警察モノ。階級を飛び越えた人間関係を描く作品から、現実にはない架空の組織で優秀な警察官たちが難事件を解決する物語まで、バリエーションも豊かで見応えがある。今回はそのなかでも特に注目のテレビドラマ8作品の組織、階級について解説しよう。

警察組織の特徴をうまくいかした人気シリーズ

『相棒』（テレビ朝日系）

東大卒キャリアでありながら、変わった性格が災いし、実際には存在しない警視庁内の窓際部署「特命係」に回された杉下右京（水谷豊）と、部下の相棒役（寺脇康文、及川光博、成宮寛貴、反町隆史）とタッグを組み、事件を解決していく超人気シリーズ作品。反町隆史演じる4代目の相棒・冠城亘は、警視庁へ出向してきた法務省キャリア官僚という設定で、歴代相棒とくらべて異例の経歴を持つ。キャリアの杉下右京は、作中で警部から警視に昇任するが、40代半ばにしては出世が遅い。

キャリアとノンキャリの違いが作品の裏テーマ

『踊る大捜査線』（フジテレビ系）

警察組織を守りたい本部と事件を解決したい所轄のヒエラルキーや温度差など警察の内部を描く。主人公でノンキャリアの青島俊作（織田裕二）とキャリア組の確執が見せ場だ。青島と対立し、のちにはお互い認め合う関係性に発展するのがキャリアで警視の室井慎次（柳葉敏郎）。青島は湾岸警察署の巡査（刑事課強行犯係係長）から順調に42歳で警部補まで昇任。室井は東北大学法学部卒というキャリアでは非主流派でありながらも、警視監にまで出世していく。

特殊能力を持った犯人と対峙する天才捜査官

『SPEC』（TBS系）

捜査一課が手に負えない超能力などを使った特殊事件を捜査するため、警視庁公安部が設立した未詳事件特別対策係（架空）、通称〝未詳〟に配属されたIQ201の天才・当麻紗綾（戸田恵梨香）と、警視庁特殊部隊（SIT）出身で叩き上げの瀬文焚流（加瀬亮）が、常人にはない特殊能力（SPEC）を持った犯人と対決する。ともに階級は警部補。

人間味のある刑事がトリックを暴く名作ドラマ

『古畑任三郎』（フジテレビ系）

警視庁刑事部捜査一課で階級は警部補の古畑任三郎（田村正和）が、ゲスト俳優演じる犯人による殺人事件のアリバイやトリックを巧みな話術と卓越した推理力で崩していき、完璧と思われていた犯行の真相を解明していく。古畑の部下の今泉慎太郎（西村雅彦）は、同期が続々と警部に昇進するも、巡査にとどまっている。また、古畑は数多くの手柄を立ててはいるが、警部補のままであるため、エリートとは言い難い。

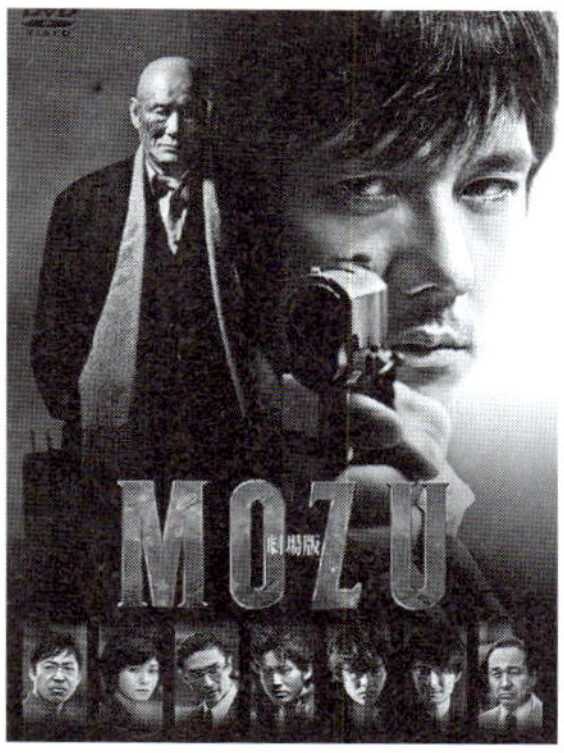

警視庁公安部を舞台に情報戦を描いた物語

『MOZU』（TBS系）

架空の部署である警視庁公安部特務一課の警部・倉木尚武（西島秀俊）が爆破テロで命を落とした妻・千尋（石田ゆり子）の死の真相に迫るミステリードラマ。テロリストから国を守るのが仕事の公安は、他部署と情報共有することなく、独自に捜査を進めていく。一方、事件解決のためには正確な情報が必要な刑事の立場の違いが鮮明に描かれている作品で、リアリティが感じられる。

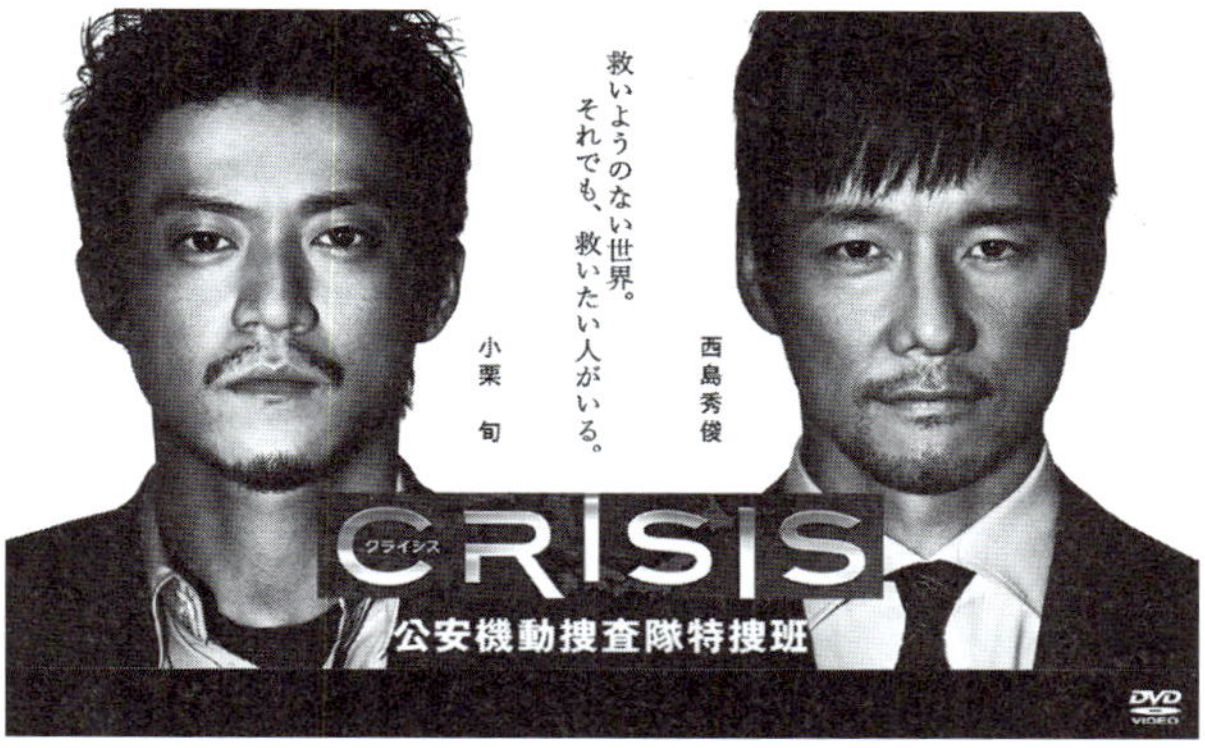

テロに立ち向かうスペシャリストチーム

『CRISIS 公安機動捜査隊特捜班』（フジテレビ系）

日本全体を揺るがすような事件に立ち向かっていく特捜班たちが主役の警察アクションドラマ。この組織は架空ではなく実際に存在し、主に爆発物などを用いたテロ事件の初動捜査や特殊な鑑識活動、NBCテロ（核物質、生物、科学物質を用いたテロ）の研究などを担当する部隊。警察庁警備局長の鍛治大輝（長塚京三）が設立した特捜班は、格闘技に長けた稲見朗（小栗旬）、元潜入スパイの田丸三郎（西島秀俊）、天才ハッカーの大山玲（新木優子）、爆発物処理のエキスパートである樫井勇輔（野間口徹）、班長で取り調べの名手の吉永三成（田中哲司）の5人によるスペシャリストチームが凶悪事件解決に奮闘する。

花形の一課で活躍する「カリスマ」美人刑事

『BOSS』（フジテレビ系）

大不況の影響による凶悪犯罪の多発化に対する対策案の切り札として、新たに設置された捜査一課特別犯罪対策室（架空の設定）。マスコミの注目をより集めるためにそのトップに据えられた美人女性キャリアであり、主人公の大澤絵里子（天海祐希）と大澤の下に就く各部署から不要と言われた個性的な精鋭たちの活躍を描く刑事ドラマ。大澤は警視庁捜査一課の係長待遇で、階級は警部。北九州大学法学部卒でありながら、警察庁の女性キャリア。

キャラクター豊かな刑事が科学捜査で犯罪を解決

『ST 警視庁科学特捜班』（日本テレビ系）

現代犯罪の多様性に対応するために警視庁科学捜査研究所に新設された「ST」（Scientific Task force、科学特捜班）と呼ばれる架空の組織の活躍を描いた作品。非常に優秀な能力を持つものの、それぞれの事情を抱えながら科学捜査に従事するメンバーたちが、能力を生かして不可解とも思える様々な事件を解決していく。その統括を任された警視庁キャリア組の百合根友久（岡田将生）は、優秀な法医学医師で天才的頭脳を持ちながら「対人恐怖症」を抱える赤城左門（藤原竜也）とうまくコミュニケーションが取れないなか、次第に事件捜査におけるSTの優秀さを示していく物語だ。

「警視庁」と各「道府県警」編

都道府県警は独立した存在だが主要幹部の人事権は警察庁が握る

都道府県警は47のそれぞれ独立した会社

「警視庁」と各「道府県警」の組織と関係

取材・文●稲葉秀朗（朗研社）　写真●産経新聞社

人員、規模、能力すべてで突出した存在の警視庁

都道府県警察は全国47都道府県にそれぞれ独立して存在し、それぞれの都道府県知事の所轄として、都道府県ごとの公安委員会による管理のもと、捜査や行政事務を行っている。大阪府であれば大阪府警察、神奈川県であれば神奈川県警察、福岡県であれば福岡県警察といった具合だ。

警察を会社にたとえるならば、全国の都道府県警察は47のそれぞれ独立した会社である。たとえば、「福岡県警察」という会社であれば、「福岡県警察本部」という本社が置かれ、その支社として福岡県内に中央警察署、博多警察署、小倉北警察署といった各警察署が置かれる。交番や派出所は、支社であるそれぞれの警察署の営業所のようなものだ。福岡県警察の職責上のトップ、つまり社長は福岡県警察本部長と呼ばれる。

こうした仕組みはすべての道府県警察に共通しているが、唯一別格なのが首都にして１３００万を超える人口を擁し、世界的な大都市である東京都だ。東京都の警察は「東京都警察」ではなく「警視庁」と呼ばれ、そのトップも警察本部長ではなく、「警視総監」と呼ばれる。実際、警視庁は警察組織の規模も大きく、扱う事件の数も他の道府県にくらべて格段に多い。２０１８年4月時点で警視庁の職員数は約4万６０００人（うち警察官は約4万３０００人）。同じく国内有数の大都市・大阪を管轄する大阪府警察の職員数約2万３０００人（うち警察官は約2万１０００人）と比較しても、２万人以上の差だ。ほかにも、警視

■警視庁のピラミッド構造

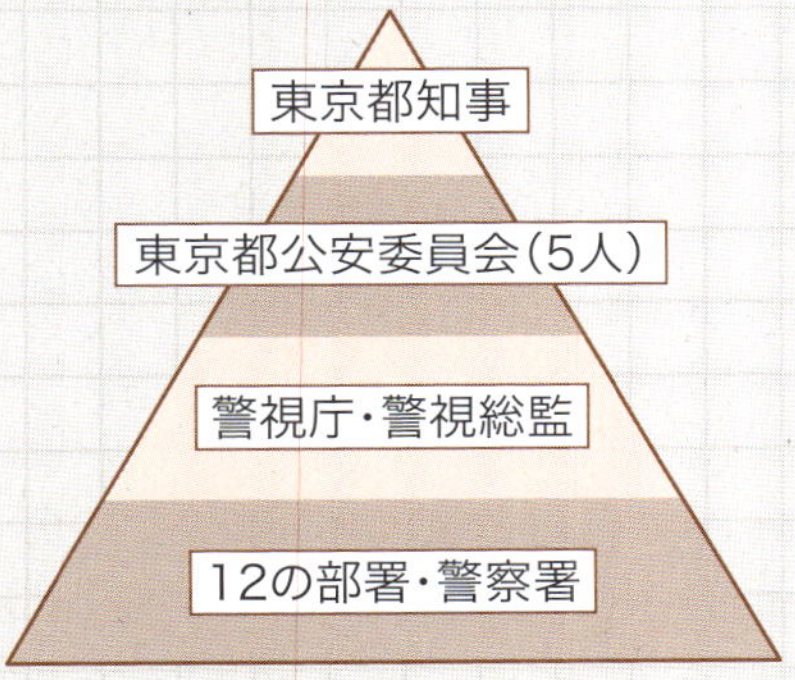

庁はパトカーや白バイの保有台数から110番の受理件数、所属している警察犬の数まで日本一。そのため、警視庁に勤務する警察官は他の道府県警察にくらべて経験豊富で、能力も高いとされるほどだ。

都道府県警察と警察庁の関係はなかなかに複雑

警視庁および道府県警察本部には、警察法施行令によって、警務部、生活安全部、刑事部、交通部、警備部の5つの部署を必ず置くよう規定されている。それぞれの部署を構成する課や係の名称は都道府県によって異なる場合もあるが、この基本的な分類は全国共通だ。

警察本部に置かれたこれら部署の分類に準じて、所轄の警察署には警務課、生活安全課、刑事課、交通課、警備課が置かれる。

また、このほかにも都道府県によっては地域の人口や犯罪の発生状況に応じて、特別に扱う事件を特化させた部署を設ける場合がある。交番や駐在所の運営や110番受付に特化した地域部や、暴力団犯罪をはじめとする組織犯罪や銃器、薬物に対処する警視庁の組織犯罪対策部、警備部の扱う仕事のうち公安部門を独立させた警視庁公安部などがこれに当たる。

ところで、都道府県警察と警察庁の関係はなかなかに複雑だ。先に挙げた会社のたとえでいえば、都道府県知事や都道府県公安委員会、あるいは国の組織である警察庁および国家公安委員会は、会社の経営方針を決定する取締役会や監査のような立ち位置と考えればよいだろう。よって、都道府県警察に対して最も強い影響力を持っているのが警察庁および国家公安委員会なのである。

基本的に都道府県警察はそれぞれ独立した存在だが、主要幹部の人事権は警察庁が握っており、広域にわたる事件については警察庁が指揮命令権を持つ。また、公安部門を担当する警視庁公安部や道府県警の警備部のように、警視庁および道府県警察本部ではなく、警察庁警備局が直接統括するセクションもある。これは、情報漏洩を防ぐためであり、また、公安警察の予算が国庫から支払われているためだ。しかしながら、公安警察のなかでも最も規模が大きく、実力のある警視庁公安部に対しては、時として警察庁のコントロールが利かないこともあるという。

こうした指揮系統のありかたをはじめ、警察には「縦割り体制」と揶揄されるセクショナリズムの

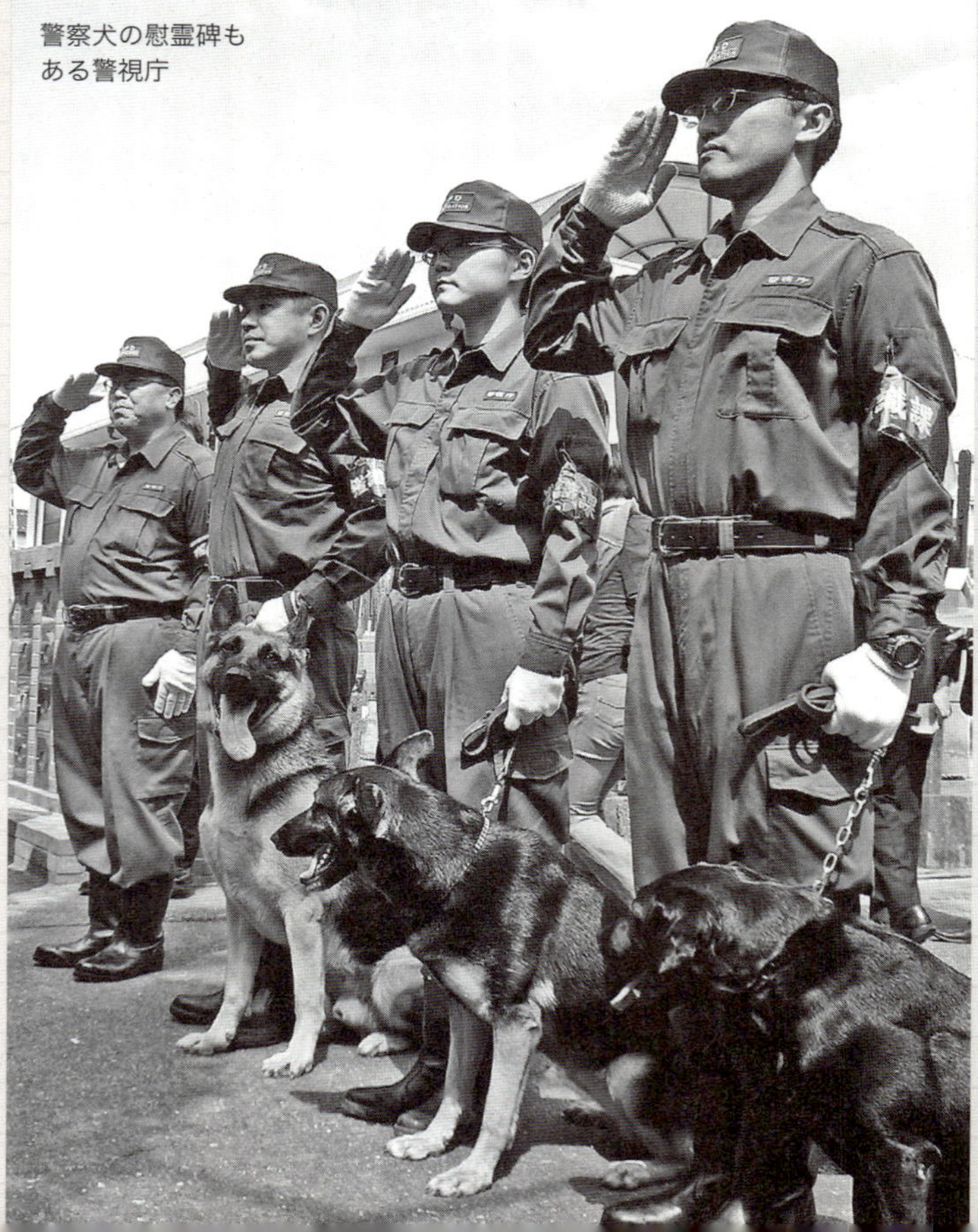
警察犬の慰霊碑もある警視庁

「縦割り体制」と揶揄されるセクショナリズムの弊害

■都市部と地方部の出世する配属先

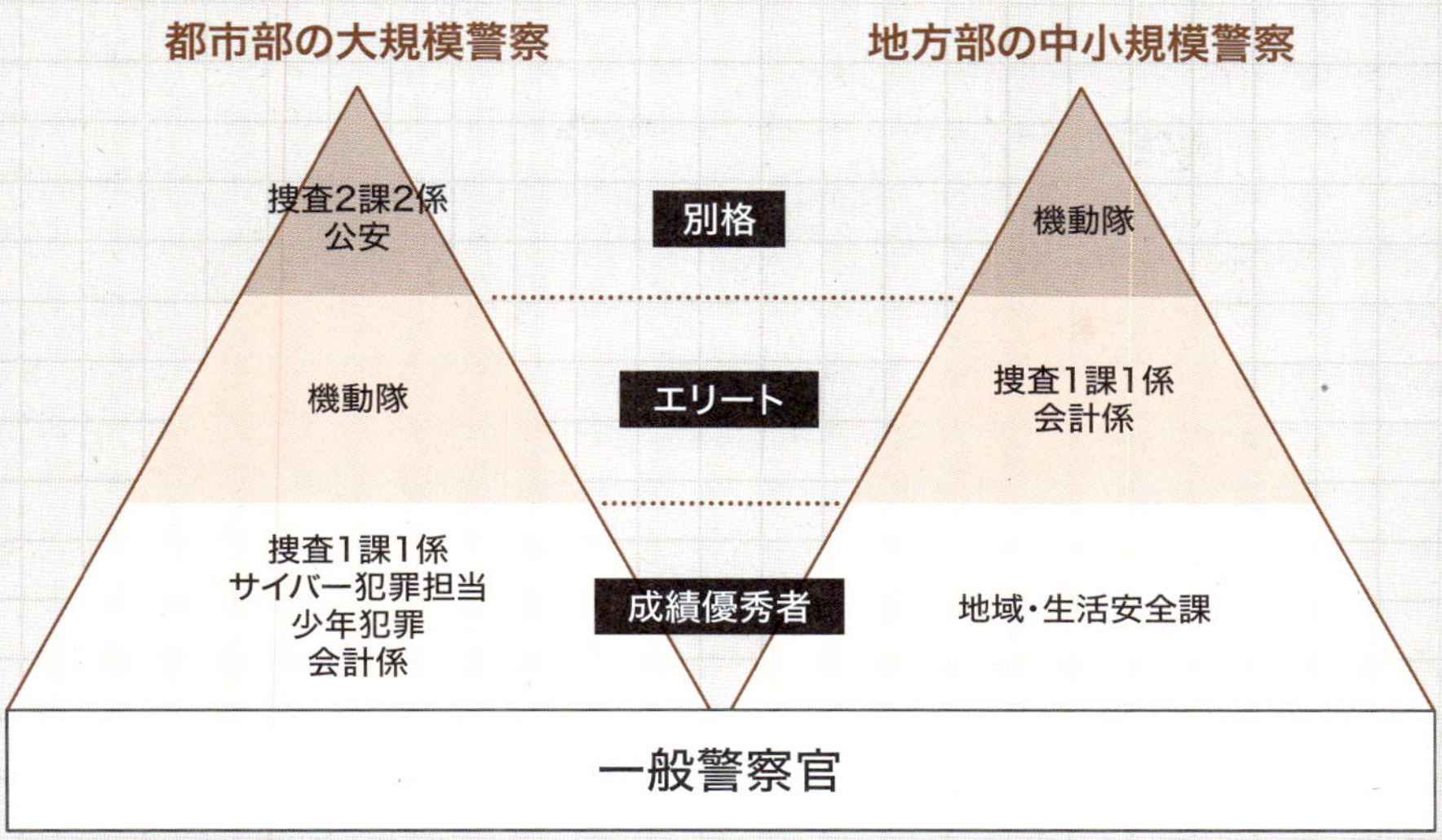

首都を守る警視庁はすべてにおいて「別格」

弊害がしばしば指摘されているが、犯罪によっては内部組織を横断した協力体制が必要となることはいうまでもない。2017年に警視庁が発足させた「特殊詐欺対策プロジェクト」では、刑事部、生活安全部、組織犯罪対策部、犯罪抑止対策本部の各部署を横断した約290人体制による専従チームが編成された。多様化、広域化する犯罪に対して警察の組織力・捜査力を遺憾なく発揮するためにも、こうした部署や管轄地域にとらわれない都道府県警察どうしの密な連携は、今後いっそう進んでいくことになるだろう。

警察行政が独善的に運営されないためのチェック機関

都道府県の警察を管理する独立機関

警察行政をチェックする「都道府県公安委員会」

取材・文●稲葉秀朗（朗研社）　写真●共同通信社

都道府県議会の同意を得て知事が委員を任命

国に設置された国家公安委員会とは別に、都道府県ごとにも公安委員会が設置されている（ただし、面積が広域にわたる北海道は、北海道公安委員会の下に4つの方面公安委員会を置く）。都道府県公安委員会および方面公安委員会は、国家公安委員会が警察庁を管理するのと同様に、「警察に対する民主的統制」と「警察の政治的中立性の確保」を両立すべく、都道府県の警察を管理している。「公安委員会」という名前は一見するとものものしいが、むしろ警察行政が独善的に運営されないためのチェック機関なのである。

そのため、委員会を構成する公安委員は都道府県議会の同意を得て知事によって任命され、各都道府県の住民はその解職を請求することもできる（有権者の3分の1以上の署名をもって都道府県議会に付議することができ、議員の3分の2以上が出席し、その4分の3以上の多数による同意があれば解職）。

都道府県の公安委員会を構成しているのは東京都、北海道、京都府、大阪府と政令指定都市を含む12の県では5人。それ以外の県及び北海道の各方面では3人の非常勤の委員だ。任期は3年で2回まで再任できる。委員には広く都道府県民の良識を代表し、豊富な経験と高い見識から警察を管理できる者が望まれるとされ、各都道府県の公安委員の出自を調べると、国家公務員、地方公務員、会社役員、弁護士、病院院長、大学教授など、それぞれの都道府県で社会的な地位とキャリアのある人物が選任されるケースが多いようだ。

選任の条件は「任命前5年間に警察又は検察の仕事を行った公務員でないこと」など、警察組織から独立した機関になるよう配慮されている。また、政治的な立場が偏ることがないよう、一定数以上の委員が同一の政党に所属してはならない（都・道・府および政令指定都市を包括する指定県では3

我々の日常生活とも密接に関わる公安委員会

人以上、その他の県では2人以上）。委員の報酬は都道府県ごとに条例によって定められているが、たとえば東京都の場合、公安委員長は月額52万3000円、公安委員は月額42万9000円（2019年7月現在）と水準が高い。

　警察法では各都道府県警察の職員の職務執行に苦情がある場合、都道府県公安委員会に対して苦情の申し出を行うことができると定められているが、これも公安委員会が都道府県の警察行政の運営をチェックするという趣旨のもと、2000年に警察改革の一環として新設された制度だ。申出を受けた都道府県公安委員会は苦情を誠実に処理し、原則としてその結果を文書で通知する。2017年は、全国の都道府県公安委員会で894件の苦情を受理したという。ただ、実際のところこの制度はあまり機能しておらず、警察本部の監察官室へ苦情を申し出るほうが有効との指摘もある。

風俗営業の許可から免許の交付まで行う

　都道府県公安委員会は月に3、4回の定例会議を開催するほか、警察署協議会への参加、教育委員会などの関係機関との協議、警察活動の現場の視察などにより、管轄内の治安情勢と警察運営の把握に努めている。さらに、国家公安委員会や他の都道府県公安委員会どうしでも交流を行い、連携や情報共有も進められている。たとえば、2017年には福岡県公安委員会委員が京都府を訪れ、京都府公安委員会委員と暴力団対策について意見交換を行った。福岡県も京都府も、共に暴力団の取り締まりを喫緊の課題としている。こうした共通の問題意識を持つ公安委員会同士が積極的に協力することで、現状の打開策が模索されているのである。

　都道府県公安委員会のもう一つの大きな役割として、国民の生活に関わる多くの行政事務の処理が挙げられる。古物商の許可、風俗営業の許可、交通規制、デモ行進の届出受理などを行うほか、特殊なものでは探偵業を始めるときに届け出るのも公安委員会だ。なかでも我々にもっとも身近なものといえば、運転免許証だろう。免許をよく見ると、そこには免許を交付した公安委員会の名前が入っているはずだ。免許の取得や更新のために警察署へ出向くのは、免許自体を交付するのは公安委員会だが、実際の業務を行っているのが各都道府県警察の交通部だからである。

　近年は高齢ドライバーによる重大な交通事故が問題視されているが、その対策にも公安委員会が関わっている。2014年6月の改正道交法施行で、医師が認知症などを診断した場合、任意で各都道府県公安委員会に通報できるようになった。制度開始以来、計798件の届け出があり、そのうち約4割にあたる319件が免許の取り消しや停止などの処分になったと報じられている。ただし、届出はあくまで任意であるため、現場の医師からは届出の詳細な基準作りを求める声も多いという。

　このように、警察行政の適切な運営を実現すると共に、我々の日常生活とも密接に関わる公安委員会だが、高齢者ドライバー問題に限らず、災害対策、青少年の健全育成、暴力団排除、ストーカー対策など、取り組むべき課題は山積みとなっている。

■「都道府県公安委員会」とは

委員長と委員（民間人）
（人数は都道府県により異なる）

【仕事内容】
- 定例会議・臨時会議
- 警察活動・行事への出席
- 国家公安委員会との連絡会議

【報酬】
おおよそ
委員長　30～35万円／月
委員　25～32万円／月
（2015年9月1日時点／各公安委員会発表資料から概算）

試験勉強に適した内勤で出世しやすい部署

一般企業でいう総務部、人事部、経理部、法務部

配属希望者が殺到する人気の「警務部」

取材・文●稲葉秀朗（朗研社）　写真●産経新聞社

ほぼ定時で勤務が終了 休日出勤も少ない警務部

都道府県警察本部に置かれた警務部は、総務、人事、会計といった、警察のさまざまな活動全般をバックアップする縁の下の力持ちであると同時に、警察の運営実務の中枢を担う存在だ。警視庁や政令指定都市を含む道府県の警察本部の一部のように、警務部とは別に独立して総務部を置くところもあるが、多くの場合、組織の整備や人事管理、職員の給与、福利厚生、各種教養や訓練、留置管理、訴訟関係、情報管理や予算の要求に至るまで、幅広い業務をこなしている。一般企業の総務部、人事部、経理部、法務部などをイメージすればよいだろう。さらには警察への意見や要望の受付、犯罪被害者への支援、広報活動なども行っている。

警務部は内勤部署なので、基本的に現場の第一線で捜査に従事するようなことはなく、直接市民の安全を守る機会もない。しかし、そんな警察らしい仕事とは縁遠いにもかかわらず、警察内部では配属希望者が殺到するほど警務部には人気があるという。それは、警察官の出世と大きく関係しているからだ。

警察官の出自は、国家公務員総合職試験（旧国家公務員Ⅰ種試験）に合格したキャリア、一般職試験（旧国家公務員Ⅱ種試験）に合格した準キャリア、そしてこれら以外の地方公務員採用者であるノンキャリアに大別できる。初任時において、キャリアの階級は警部補、準キャリアの階級は巡査部長からスタートする。一方、警察官の大多数を占めるノンキャリアの階級は、巡査からスタートする。ノンキャリアが警部補になるためには、その都度昇任試験に合格しなければならないが、日々のハードな勤務にあっては、なかなか試験勉強の時間を確保できないのが実情だ。そうしたなか、ほぼ定時で勤務が終了し、休日出勤も少ない警務部は、試験勉強をする環境として最適なのである。

また、警務部はその業務の性質上、迅速かつ的確な実務処理能力が要求されることから優秀な警察官が多く配属され、出世も早いとされる。とくに出世コースと言われているのが、人事を掌握している警務課だ。警察官の昇格や異動、ポスト任用に携わることから、自然と組織内の実力者とパイプができ、警察内部の事情通になっていくからだ。

2018年、滋賀県彦根市で起きた警察官による上司射殺事件。警察内部の犯罪も捜査するのは警察である

不祥事を取り締まる警務部「監察官室」

警務部の大きな特徴は監察官室の存在だ。監察官は警察官の不祥事を取り締まり、警察官や職員が被疑者となっている事件の捜査も行う、いうなれば「警察の警察」である。警視庁担当記者であったジャーナリストの今井良氏による『警視庁監察係』（小学館、2017年）では、警察の不祥事を未然に防ぐべく、素行不良の警察官を徹底的に内偵調査し、処分していくという刑事ドラマ顔負けの監察官たちの姿が克明に記されている。場合によっては、不祥事を起こした警察官を自宅と極端に離れた警察署に異動させて、自主退職させるように追い込むこともあるのだという。

ちなみに、2018年の警察官や職員の懲戒処分者数は257人。6年連続で減少してはいるものの、同年4月には滋賀県彦根市の交番で勤務中の19歳の巡査が上司の巡査部長を射殺し逃走するという事件が発生した。警察庁によれば、「警察官が貸与された拳銃で同僚を射殺したのは初めて」という前代未聞の事件であったが、犯人の巡査逮捕の記者会見で謝罪していたのは警務部長だった。警察本部において重要な業務を担う警務部のトップは、たいていの場合、警察本部長に次ぐナンバー2という位置付けだが、警察内部の不祥事が起こった時、矢面に立たされなければならないのは何ともつらいところである。

近年では、警務部の存在感も増しつつある。たとえば、2009年4月以降、不適正な取り調べを防ぐため、警察庁、警視庁及び道府県警察本部の総務部または警務部に被疑者取り調べの監督業務を担当する課が設置されるようになった。こうした監督権限が与えられたということは警務部が捜査部門に対して発言権を強めたことを意味しているといえるだろう。警務部が活躍するフィールドは、もはや「縁の下」にとどまらないのである。

警務部のトップは警察本部長に次ぐナンバー2

風営法、ストーカー、行方不明者、近隣トラブル、DV、少年非行、振り込め詐欺、サイバー犯罪……

部長職はノンキャリアの出世ポスト

社会生活の安全を守る「生活安全部」

取材・文●稲葉秀朗（朗研社）　写真●産経新聞社

振り込め詐欺、悪徳商法から賭博や売春まで扱う「生安」

我々の身近で発生し、暮らしに直接影響を及ぼす犯罪を取り締まると共に、防犯活動や日常の様々な問題に関する相談の受付も行っているのが生活安全部だ。「生安（セイアン）」という略称を聞いたことのある人も多いだろう。

警視庁の例を挙げると、生活安全部は、防犯や安全対策全般を担う生活安全総務課、振り込め詐欺や悪徳商法、マネーロンダリングなどの悪質な金融犯罪を扱う生活経済課、銃刀法関係や悪質な不法投棄などを取り締まる生活環境課、風俗関係事犯や外国人労働者の不法就労などの雇用関係事犯を扱う保安課、少年犯罪を扱う少年育成課および少年事件課、不正アクセスなどのサイバー犯罪を扱うサイバー犯罪対策課、生活安全特別捜索隊から成り、生活安全部長は数少ないノンキャリアの部長ポストでもある。

生活安全部の仕事は一見すると、刑事部とどのような棲み分けがあるのかわかりにくいが、生活安全部が扱うのは主に刑法犯以外の犯罪である特別法犯。警視庁の場合、道路交通法違反は交通部、覚せい剤取締法違反については組織犯罪対策部の担当、といったように専門的な分野は他の部署の管轄になることもあるが、薬物の取締りもかつては生活安全部が担当していた経緯がある。

このほか、生活安全部は社会の安全と平穏を維持するべく、これを乱すような活動の取締りを行う。賭博や売春、風営法関係を扱うのはこうしたゆえんである。2019年7月には、京都の繁華街の路上で勧誘した女性を風俗店に紹介する悪質スカウトで億単位の荒稼

生活安全部の取り扱う事件は現代日本の社会問題の縮図

ぎをしていた巨大グループが京都府警生活保安課と中京署によって摘発されたが、これは職業安定法違反（有害業務の紹介）の疑いによるものだった。

行方不明者の捜索まで手がける「何でも屋」

身近な人が行方不明になったとき、その捜索願（行方不明者届）を提出するのも各警察署の生活安全課だ。警察庁の統計によれば、2018年の行方不明者の届出受理数は8万7962人。年齢別にみると20歳代が最多だが、近年は認知症による高齢の行方不明者も増加傾向にある。多くの場合は届出受理の当日～1週間以内に所在が確認されるが、毎年約1万人程度は見つからないままだ。

常々指摘されているとおり、明確な事件性の疑いがないかぎり行方不明者の捜索は優先順位が後ろになってしまいがちで、2017年に起きた座間市9人殺害事件では被害者全員の行方不明者届が提出されていたにもかかわらず、検挙に至ったのは別のきっかけからだったことは記憶に新しい。行方不明者捜索が後回しにされがちとなる状況を憂いた警視庁生活安全課の元刑事は、在職時、休日を返上して徹底的に捜索を行い、自分の担当した行方不明者を全員見つけ出したという。どのようにして探したのかと尋ねると、「残された手がかりをもとに行方不明者の気持ちになって、どこへ行くかを考える」という。

ところで、生活安全部が防犯対策も担当しているのは、「犯罪が起こってから対処するのではなく、発生を未然に防止する」ことによって社会生活の安全を守るという趣旨によるものだ。ちなみに、警視庁では生活安全総務課にストーカーやDV、虐待を扱うストーカー対策室や、性犯罪の安全対策を行う子ども・女性安全対策室も附随する。1999年の桶川ストーカー殺人事件や、2016年に芸能活動を行っていた女子大生がファンを自称する男から繰り返しストーカー行為を受け、ライブハウスで刺傷された事件では、事前に被害者から相談を受けていたにもかかわらず事件を未然に防げなかった警察の対応が問題視されたが、ストーカー被害の相談に対していかに適切に対応するかは、生活安全部の喫緊の課題だ。

ストーカー、行方不明者、近隣住民どうしのトラブル、DV、少年の非行、振り込め詐欺、サイバー犯罪……と、生活安全部の取り扱う事件は、ある意味で現代日本の社会問題の縮図といっても過言ではない。ゆえに、日々巧妙化していく犯罪の手口にいかなる対策を打っていくかも生活安全部の課題だ。「生安（セイアン）」を「ナマヤス」と呼んで揶揄するきらいもあるというが、逆に生活安全部は他の部署の扱わない多様な事件を手がける何でも屋的な側面もあり、その存在意義はとても重要なのである。

繁華街の多い警視庁では生活安全部の出番が多い

警察の中でも最も多忙な部署

警察の花形「刑事部」

警視庁の場合、捜査第一課長はノンキャリア 捜査第二課長はキャリアが就くことが通例

取材・文●稲葉秀朗（朗研社）　写真●産経新聞社

刑事経験がほとんどないエリートがトップに就任

警察の花形といえば、なんといっても刑法犯罪の捜査を行う刑事部だ。「刑事」といえば刑事部に所属する警察官のことであり、映画、ドラマ、小説などに登場する名刑事を挙げれば枚挙に暇がない。「刑事」が「デカ」と呼ばれる所以には諸説あるが、明治時代の私服刑事の高圧的な態度を揶揄して、彼らの着ていた「角袖（かくそで）」と呼ばれる和服をもじって「クソデカ」と呼んだといい、やがてこれが「デカ」に縮まったものとされている。つまり、「デカ」はもともと蔑称だったわけだが、いまでは時として刑事が自称として用いるほどに愛着が込められている。

刑事部はたいていの場合、殺人、強盗、放火などの強行犯や誘拐、爆破といった特殊犯を担当する捜査第一課、贈収賄、振り込め詐欺、横領などの知能犯などを担当する捜査第二課、空き巣、ひったくり、スリ、万引きなどの盗犯を担当する捜査第三課、暴力団等の取り締まりを扱う捜査第四課、さらに現場での指紋や足跡の採取、写真撮影でおなじみの鑑識課や、覆面パトカーを駆使して重要事件の初動捜査にあたる機動捜査隊などによって構成され、それぞれの課の中でさらに細かく係が分かれる。また、捜査第四課については「組織犯罪対策部」として、暴力団のみならず銃器や違法薬物の使用・密売買、国際犯罪などを扱う部署が独立して存在したり（警視庁の組織犯罪対策部、福岡県警察本部の暴力団対策部）、刑事部の中に専務部門として置かれている警察もある。

警視庁の場合、刑事部長には警視監が就任し、捜査第一課長はノンキャリア、捜査第二課長はキャリア警察官が就くことが通例となっている。道府県警察の場合、本部刑事部長となるのは警視正または警視長である。こうしたポストに就くにはさぞかし捜査経験や実績が必要だろうと思いきや、意外に刑事経験がほとんどない警務部

出身のエリートが就任するといった例も珍しくない。

よくフィクションの世界で描かれる警察と現実はどの程度乖離しているのか？　ということが議論されるが、『はぐれ刑事』さながら、人情に訴えて犯人をオトすのがうまい「オトシの○○」と呼ばれた伝説の名刑事や、窃盗犯による開錠の手口を一見しただけでそれが外国人グループの犯行であることを見抜いてしまう経験豊富な刑事は実在する。近年では顔認証装置が犯罪の捜査や抑止に導入されつつあるともいわれるが、やはりプロの刑事の見当たり捜査（指名手配犯の顔の特徴を記憶して、駅や繁華街の通行人から似ている者を探し出す捜査方法）にはかなわない。刑事の世界は相当に個性的で、職人気質なところがあるらしい。そして、それが一人ひとりの刑事としての誇りにつながっているのかもしれない。

京都アニメーション放火事件を捜査。過酷な現実と向き合う

捜査経験が豊富な刑事が減少し捜査技能の引き継が課題に

過酷な肉体労働に加え緻密なデスクワークが必要

「花形」といわれる刑事部は、警察の中でも最も多忙な部署とされる。何せ、一度事件が発生すれば、一秒でも早く犯人を検挙するために家に帰らず不眠不休で働かなければならない場合もある。夜間の事件に対応するための当直業務もあるし、当然、定時の帰宅や希望通りに休日をとることは難しい。加えて、現場での何時間にもわたる張り込みや聞き込み捜査は、とにかく忍耐を要する過酷な肉体労働だ。逮捕した被疑者を取り調べたあとは、調書や報告書といったさまざまな書類を作成する、緻密なデスクワークをこなす必要もある。現場でも、警察署内でも、刑事はとにかく地道な仕事をこなさなくてはならない。一人の刑事が颯爽と事件を解決して手柄を上げる、というわけにもいかない。事件の捜査は、捜査員一人ひとりが入手した手がかりを突き合わせて徐々に進展していく、チーム戦だ。しかし、それでもなお刑事部が「花形」と称されるのは、ひとえにそのやりがいゆえだろう。

近年では、団塊の世代の刑事たちが退職する一方で若い刑事が多数任用され、警察では急速な世代交代が進んでいる。そのため、捜査経験が豊富な刑事が減少しており、捜査技能をどのように引き継いでいくかが一つの課題になっているという。DNA鑑定や防犯カメラ、指掌紋児童識別システムといった最先端の技術を用いた捜査を駆使しつつも、やはり人を介してしか伝えられない刑事の素養はある。昭和、平成の刑事たちの魂と捜査にかける執念が令和へどう受け継がれていくのか、我々も目が離せない。

厳しい訓練と試験を突破した「白バイ隊員」の運転技術は神業

「世界一安全な交通社会の実現」が目標

道路交通に関わる様々な業務を担う「交通部」

取材・文●稲葉秀朗(朗研社)　写真●貝方士英樹

18年の交通事故死者数3532人で統計史上最少

　都道府県警察において、交通事故の抑止と安全な交通社会の実現のために道路交通に関わる様々な業務に携わっているのが交通部だ。パトカーや白バイによる交通違反の指導取り締まりをはじめ、道路交通法違反や自動車運転死傷行為処罰法違反などの捜査、交通事故の処理と現場検証、事故データの分析、信号機や道路標識をはじめとする交通安全施設等の整備、暴走族対策、交通安全教育、運転免許証に関する事務などを行っている。

　警察庁によれば、2018年の交通事故による死者数は3532人で、統計史上最少であったという。さらに、交通事故の発生件数や負傷者数も14年連続で減少している。こうした背景に、自動車の安全性能の向上や迅速な病院への搬送・治療体制が整備されている要因はもちろんのこと、警察の交通部の活躍があることはまず間違いないだろう。

　警視庁の場合、交通部は、交通安全教育や安全運転管理者講習などを通じて交通安全意識の浸透を図る交通総務課、各種交通規制や道路工事などにおける道路使用許可に関する事務を行う交通規制課、交通事故・事件の捜査を担当する交通捜査課、スピード違反・無免許・飲酒運転といった危険運転者を取り締まる交通執行課のほか、交通管制課、駐車対策課、運転免許本部、運転免許試験場、交通機動隊、高速道路交通警察隊からなる。

　交通部といえば、まず想起するのが「白バイ」だが、白バイ隊員は主に都道府県警察本部交通部の交通機動隊や高速道路交通警察隊に所属している。彼らの日常業務は交通違反の指導や取り締まりだが、重大事件が発生したときには緊急配備が発令されることもあり、バイクならではの機動力を生かして被疑者の追跡などにも活躍する。そのため、白バイ隊員には高い運転技術が要求され、厳しい訓練と試験を突破しなければ白バイ乗務

白バイ隊員の「装備」解説

①マフラー
“見られる”ことも仕事のひとつである白バイ隊員たちは身だしなみにも気を遣う。白のマフラーには常にアイロンをかけ、きれいに整えなければならない。

②ヘルメット
警視庁の御用達はアライのヘルメット。これに白のウレタンを塗装し、マイクを装備。オデコに帽章を掲げた特製仕様になっている。

③サイドバッグ
なかには、違反切符や雨具、ガム、携帯灰皿、制汗剤などがはいっている。また、手づくりのオリジナルロードマップを作成。取り締まりポイントなどが記されているとか。

④バイク
かつてはスズキ「GSF1200P」やホンダ「VFR800P」が主流だったが、現在新たに導入されているのはホンダ「CB1300P」。

はかなわない。動画サイトYoutubeでは式典や競技大会での白バイのさまざまなライディングテクニックを見ることができるが、身体の一部のようにバイクを操る姿は神業の一言に尽きる。

17年の死亡ひき逃げ事件の検挙率は100パーセント

交通事故の処理や捜査においては、交通部ならではの特徴と創意工夫も際立つ。街中で交通事故があると、現場では通常の警察官の制服とは異なる、蛍光色などの目立つ色が入った制服を着た警察官が、事故の発生地点を白いチョークでマーキングしたり、距離を測っている光景を見かけることがあるかもしれない。この制服は交通事故捜査を担当する警察官専用の制服で、動きやすさを重視すると共に、道路上で活動する際に走行しているドライバーが視認しやすく、2次的な事故を防ぐために導入されたものだ。現場に臨場する事故捜査の車両が、たいていの場合、通常のパトカーではなくワンボックス型であるのも、一時的な通行止めに使用するコーンや夜間の事故現場を照らすための照明器具など必要な機材を搭載しているとともに、事故発生を知らせる掲示板が目立つよう、より高い位置に表示するためである。

ひき逃げ事故や複数の車両が絡んだ死亡事故などについては、交通鑑識班が活躍する。彼らは現場に残された破片や塗料から車種を特定したり、タイヤのブレーキ痕から速度を推定したり、車両の擦過痕や破損の状況からどのように事故が発生したかを解明するなど、様々な手がかりを組み合わせて事件や事故の全貌を明らかにしていく。近年では街中に設置された監視カメラや、解像度の低い画像からでも自動車のナンバーを識別できる方法を活用した捜査も行われており、2017年の死亡ひき逃げ事件の検挙率は100パーセントであったというから、その捜査力には驚かされるばかりだ。

我々が「自動車を利用する」という社会を選ぶ以上、その便利さと引き換えに、交通事故や様々なトラブルの発生は避けられない。さらに、ひき逃げ、当て逃げ、飲酒運転、あおり運転、危険ドラッグ吸引による事故、高齢ドライバーの事故……と、自動車にまつわる問題は尽きることがない。内閣府が定めた第10次交通安全基本計画では「世界一安全な道路交通の実現」が標榜されているが、警察の交通部はこの目標を達成すべく、日夜業務に取り組んでいるのである。

解像度の低い画像からでも自動車のナンバーを識別可能

災害対策、各種警備・警護 機動隊の運用と 公安警察の業務

表と裏、2つの顔を持つ組織

「公共の安全と秩序維持」を担う「警備部」

取材・文●稲葉秀朗（朗研社）　写真●産経新聞社

警視庁は警備部とは別に独立して公安部を設置

警察法によって定められた警察の責務のうち「公共の安全と秩序維持」を担っているのが警備部だ。警備部は、災害対策、各種警備・警護、機動隊の運用などにあたるほか、主に日本共産党やその他の左翼団体、右翼団体、宗教団体、外国の情報機関などを対象とする公安事件の捜査や情報収集も行う。テロリストやスパイ、過激派など、国家体制を脅かすような組織の犯罪を取り締る、いわゆる公安警察の一端も担っているのである。

俗に日本で「公安警察」というとき、そこに含まれるのは警視庁の公安部および警備部、道府県警察本部の警備部、所轄警察署の警備課であり、これらは警察庁警備局が統括する。道府県警察本部の警備部には、警備や災害対策などに従事する警備課、公安事件を扱う公安課、外国の諜報活動や国際テロリズムなどを捜査する外事課、機動隊が設置されている。警視庁だけは警備部とは別に独立して公安部が置かれ、公安課と外事課の仕事はこちらが担当する。

2000年以降は世界各国でテロの発生件数や死者数が増加しており、「イスラム国」をはじめとする過激派への警戒は重要な課題だ。日本では、2014年に「イスラム国」に参加しようとシリアへの渡航を計画した北海道大学の大学生や、その手助けをしようとした関係者らが警視庁公安部によって、私戦予備・陰謀の疑いで捜索を受けたことが記憶に新しい。2019年7月にはこの一件の関係者5人が私戦予備容疑で書類送検されたが、公安部は起訴を求める厳重処分の意見をつけていたという。ただし、東京地検はその後、5人を不起訴処分とした。

初詣や花火大会、祭礼での事故防止のための警備も

よく取りざたされるのは、警察の警備部をはじめとする公安警察と法務省の外局である公安調査庁との違いだが、公安調査庁が対象

としている諸団体のうち、公安警察と重複するものは多い。ただし、公安調査庁には警察のような捜査権も逮捕権もなく、あくまで目的は対象の監視と情報収集および分析である。2019年7月にオウム真理教事件の死刑確定者全の死刑が執行された際には、オウム真理教の後継団体「アレフ」などの関連施設で団体規制法に基づく公安調査庁の立ち入り検査が行われたが、夜間に都内のあるアレフの施設を訪れると、所轄警察署の警察官（所属は明かさなかったが、おそらく警備課の公安関係者）と、公安調査庁の人間が施設前でともに張り込みをしていた。完全に現場がバッティングしていたのだ。

彼らは信者らしき人が施設から出てくるたびに、「どこに行くんですか？」と声掛けを行なっていた。どうしてどちらも密かに尾行をしないのか不思議に感じられたが、よくよく考えると、彼らの目的はアレフ関係者の監視ではなくて、オウム真理教幹部たちの死刑執行にともなってアレフに不審な動きがないかどうかを心配している近隣住民に対して、「警察や公安調査庁がきちんと見張っている」というアピールなのかもしれなかった。業務の内容上、あまりその詳細を公にすることのできない公安警察にとって、オウム真理教事件の死刑執行は、ある意味で自らの存在意義を示すチャンスでもあったのだ。

20年、東京五輪の警備で重要な位置を占める警視庁警備部

一方、警備部の仕事は公安のようなものばかりではない。身近なものでは初詣や花火大会、祭礼といった各種イベントにおける事故防止のための雑踏警備から、天皇や皇族の警衛、国内の要人や国賓・公賓の身辺警護を手掛けるほか、地震や台風といった自然災害時、避難誘導や救助活動にも携わる。なお、警視庁の場合、公安事件を扱う公安部が独立して存在するので、警備部は警備や災害救助に特化している。2020年の東京五輪・パラリンピックの警備に際して、重要な位置を占めるのも警視庁警備部だ。これは、今年2月管内に発令された人事異動で管内に五輪選手村を擁する月島署長となったのが、オリンピック・パラリンピック競技大会総合対策本部理事官を兼ねる、警備部理事官だったことからもうかがえる。

このように、警察の警備部は警備や警護、災害時の活躍といった表の顔と、公安のような裏の顔を2つ併せ持っているのである。

警視庁公安部の組織

警視総監
副総監
- 公安部
- 地域部・交通部・刑事部など各部

公安総務課	反戦デモや左翼政治団体対応など。サイバー攻撃特別捜査隊
公安第一課	極左暴力集団への捜査・情報収集
公安第二課	労働争議、革マル派への捜査・情報収集
公安第三課	右翼団体への捜査・情報収集
公安第四課	資料作成・統計の管理
外事第一課	欧米情報収集。ロシア・東欧の工作活動の監視
外事第二課	東アジア情報収集。中国・北朝鮮の工作活動の監視
外事第三課	国際テロ情報収集。中東地域の工作活動の監視
公安機動捜査隊	反戦デモや左翼政治団体対応など。サイバー攻撃特別捜査隊

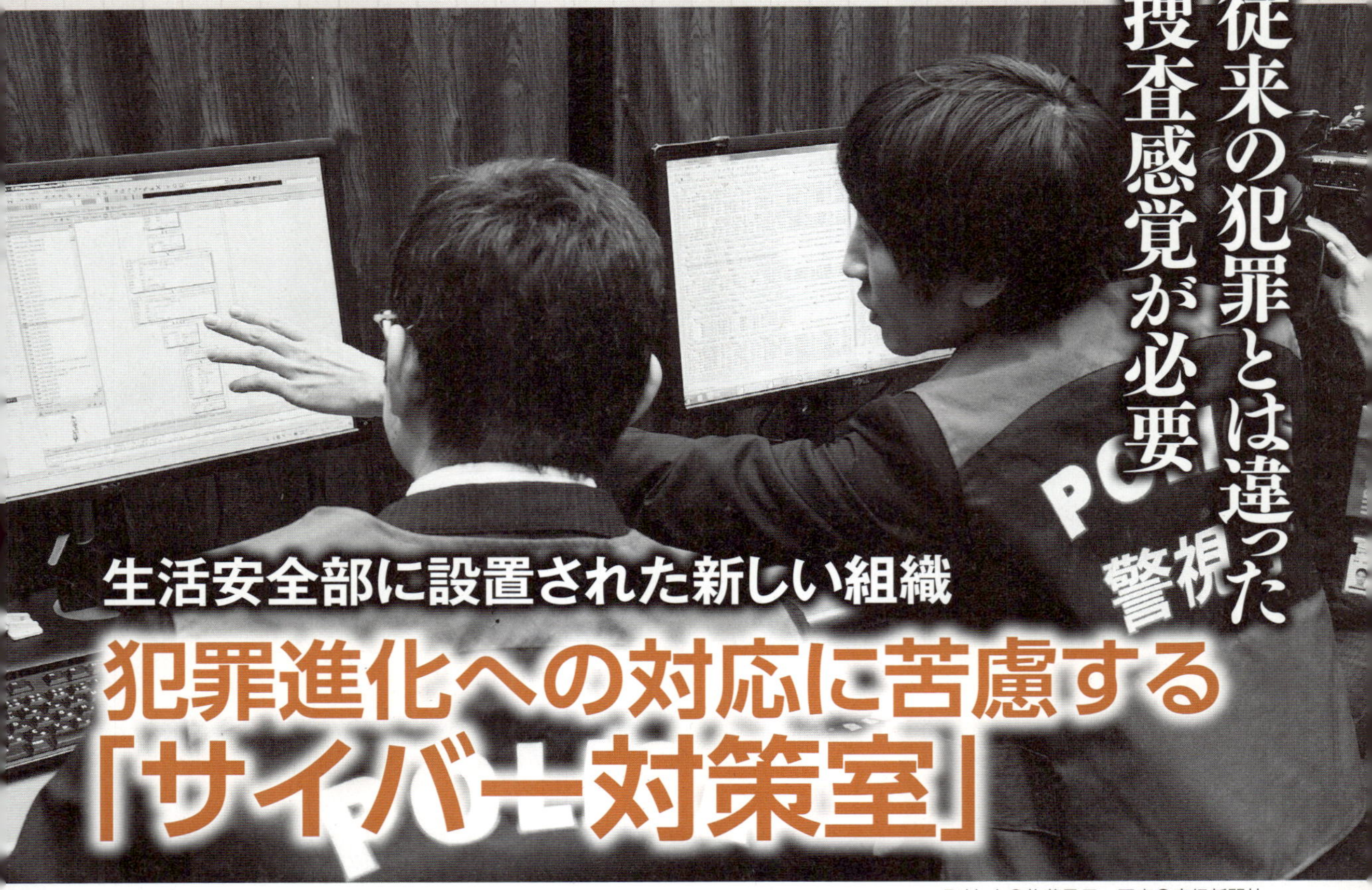

従来の犯罪とは違った捜査感覚が必要

生活安全部に設置された新しい組織

犯罪進化への対応に苦慮する「サイバー対策室」

取材・文●佐藤勇馬　写真●産経新聞社

摘発数で最多となる児童買春・ポルノ禁止法違反

　現代では、詐欺、薬物売買、淫行・売買春、著作権法違反などの多くの犯罪がネットを経由して行われる。ネットがいっさい関わっていないケースのほうが珍しく、警察庁の集計によると、2018年に全国の警察が摘発したサイバー犯罪は9000件以上で過去最多を更新した。

　コンピューター関連犯罪を取り締まるサイバー警察の歴史は、1998年に警察庁が「ハイテク犯罪対策重点推進プログラム」の一環として「サイバーポリス体制」を構想したことに端を発する。構想に基づいて全国の警察本部の生活安全部に「サイバー犯罪対策室」が続々と設置されるに至った。

　摘発の内訳は、児童買春・ポルノ禁止法違反が最多だが、今後被害件数が増加していくと予測されているのが「詐欺」と「不正アクセス」だ。

　すでに詐欺は児童ポルノに次ぐ摘発数となっており、スマホの普及によって被害者の年齢層も幅広くなっている。会員制アダルトサイトなどの代金を不正請求する「ワンクリック詐欺」や、正規のサービスを装って個人情報やクレジットカード情報を入力させる「フィッシング詐欺」が横行し、被害は増加する一方だ。

　また、フィッシング詐欺で集められた個人情報は闇のネット市場で売買され、それが詐欺や不正アクセスに悪用される。

　最近では、開始から1カ月で不正アクセスによって廃止に追い込まれたセブンイレブンの「セブンペイ」やクレジットカード不正使用が相次いだ「ペイペイ」といったスマホ決済サービスが狙い撃ちにされたのは記憶に新しい。

　また、2017年に仮想通貨取引所「コインチェック」が不正アクセスを受け、約580億円相当の仮想通貨が流出した。その後も数十億円規模の流出事件が続出し、サイバー犯罪の被害規模がどんどん膨れ上がっている。

サイバー犯罪が急増する昨今、専門知識を武器にネット犯罪を捜査するサイバー犯罪捜査官の価値が高まっているが、ネットワーク技術やプログラミングの世界は日進月歩であり、犯罪者たちに歯が立たないことも少なくない。

実際、580億円の被害額を出した「コインチェック」の流出事件では犯人が通常のブラウザでは閲覧できない匿名性の高いネット空間「ダークウェブ」を駆使し、警察をあざ笑うかのように「資金洗浄」に成功。盗んだコインを相場よりも割安で交換・販売するサイトをダークウェブ上に立ち上げ、まんまと「完売」させてしまった。

日本のサイバー捜査は「IPアドレス」を重視

ネットの闇市場といわれるダークウェブでの犯罪に日本の警察は苦戦している。日本のサイバー捜査は、ネット上の住所ともいえる「IPアドレス」を重視する傾向が強く、サイトのログ情報から割り出したIPアドレスを犯人特定の決め手にしていた。しかし、IPアドレスはプロキシサーバーを通すことで簡単に偽装でき、前述の「ダークウェブ」でも技術が使われている匿名化ソフト「Tor（トーア）」を利用すれば発信元の特定は極めて困難になる。にもかかわらず、日本のサイバー警察は長年にわたってIPアドレスに固執し、2012年には「Tor」が悪用されたパソコン遠隔操作ウイルス事件で複数の無関係な人たちを誤認逮捕する失態を犯してしまった。

「パソコン遠隔操作事件の失態を教訓に『IPアドレス主義』から抜け出そうと、日本のサイバーポリスたちは民間とも協力して技術・知識の向上に努めています。ですが、なかなか古い感覚から抜け出せず、いまだにIPアドレスを重視して『身柄を確保してから取り調べで自供させればいい』といった考え方を持っている警察官も少なからず存在します。従来の犯罪とは違った捜査感覚が必要だと認識し、この体質を変えていかないといけません」（サイバー警察関係者）

前述したように、サイバー犯罪の摘発数が年々増加するなど警察の努力の成果はしっかり出ている。

その一方、2019年3月に繰り返しポップアップが表示されるサイトのアドレスをネット掲示板に貼り付けたとして「不正指令電磁的記録供用未遂の疑い」で男性2人が書類送検され、同様の疑いで女子中学生が補導される事件が起きたことが物議を醸した。件のサイトは「何回閉じても無駄ですよ〜」といった文字が表示されるだけで、ブラウザを閉じてしまえば終了する程度のものでしかなく、ネット上では「実害のないイタズラに書類送検は行き過ぎだ」と批判が殺到。エンジニアたちからも「これで摘発されたら怖くて何もできなくなる」と、日本の国益を左右する大事な成長分野であるプログラミング業界の萎縮を心配する声が上がった。

適用される法律が時代とそぐわなくなっていく

警察官は「法の執行者」であるが、デジタル世界はすさまじいスピードで進歩しているため、せっかく真面目に職務に励んでいても、適用される法律が時代とそぐわなくなってくればゆがみが生じる。捜査手法のみならず、基盤となる法律をどのように整備していくのかといった問題も含め、サイバーポリスの注目度は今後さらに高まっていくだろう。

タレント（北原里英）を起用してサイバー対策のPRに力を入れる警視庁

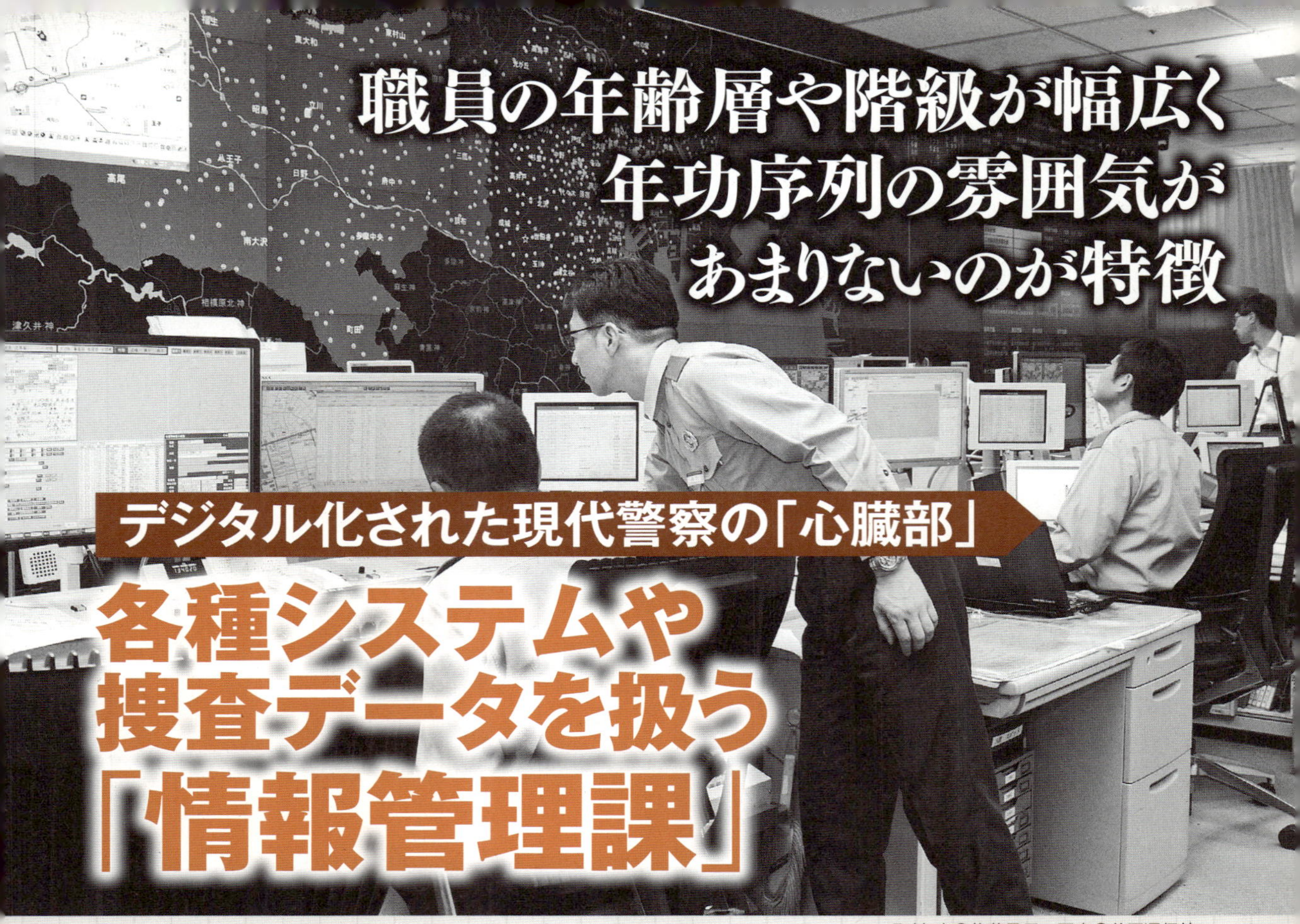

デジタル化された現代警察の「心臓部」

各種システムや捜査データを扱う「情報管理課」

職員の年齢層や階級が幅広く年功序列の雰囲気があまりないのが特徴

取材・文●佐藤勇馬　写真●共同通信社

デジタル社会における警察の縁の下の力持ち

情報管理課は基本的に各警察本部の総務部に属し、警察内部の各種システムや捜査情報などを取り扱う機密性の高い部署だ。現在は警察でもデジタル化が進み、あらゆる書類作成や通信、照会業務などに独自の情報管理システムが使われている。そのシステムの開発・運用をはじめ、高性能コンピューターやネットワークの管理、捜査において大切な照会業務を行っているのだ。決して表舞台に立つことはないが、デジタル社会において警察の縁の下の力持ちとなっている部署である。

「コンピューター系の専門的な知識や技術が必要となる部署のため、他部署にくらべて職員の年齢層や階級が幅広く、年功序列の雰囲気があまりないのが特徴です。とくにシステム構築を担当する開発係は、警察というより腕利きのプログラミング集団という感じですね」（総務部関係者）

開発係では、プログラミング言語を駆使して警察業務を効率化するためのシステムを新規開発したり、法改正のたびに必要になるシステム改修などを担当。近年は紙媒体で記録していた情報を電子化するシステムの開発が急務となっており、警察業務は幅広い分野に及ぶためシステム自体の数も多く、その開発・改修は重要度が高く激務となっている。電子化したとしても、万一、システムがダウンするような事態になれば業務全体が大混乱に陥るため、その保守管理においても責任の大きさは計り知れない。

昨今は大企業や官公庁のシステムがサイバー攻撃を受けたり、乗っ取られたりといった被害が相次いでいる。もし、そういった犯罪を取り締まる側であるはずの警察がサイバー攻撃を受ければ社会に不安を与え、場合によっては取り返しのつかない機密情報の漏洩にもつながってしまう。ゆえに、システムの開発や運用だけでなく、サイバー攻撃を想定したセキュリティ対策も重要な仕事だ。

また、近年は海外からの観光客や在日外国人が急増し、警察官も道案内や職務質問などの場面で外国語によるコミュニケーションが必要になってきている。今はスマホに話しかけるだけで翻訳してくれる便利なソフトがあるが、ネット上のソフト・アプリは情報漏洩の危険があり。これを警察官が公式に使うのは難しい。そのため、情報管理課が独自の翻訳ソフトを開発し、警察官に配備される携帯端末に搭載しているのだ。なかなか知ることができない、情報管理課の見えざる苦労・功績のひとつといえるだろう。

警視庁の屋上には巨大なマイクロ派アンテナが設置されている

人物の情報確認を行う「照会センター」も設置

第一線の警察官からのデータ照会に即時に回答

警察官に配備される携帯端末はスマートフォンタイプが主流になっており、一斉メールによる手配や盗難車両の照会、事件発生現場の地図表示、動画撮影などが可能になっており、捜査現場で重宝されているが、これも情報管理課のシステム開発の努力あってこそだ。警察本部によってはスマホだけでなく「スマートウォッチ」が導入されているところもあり、スマートウォッチ向けに新たにソフトが開発され、様々な場面での活躍が期待されている。

情報管理課には「照会センター」が置かれ、こちらも警察の捜査になくてはならない存在となっている。警察庁で犯罪歴などの全国の捜査関連の膨大な情報データベースが一元管理されており、現場の警察官からの要請に応じて、人物の情報確認を行うのが照会センターの主な業務だ。よく職務質問で警察官が無線連絡で前科・前歴などを確認している場面があるが、その確認業務を実際に担当しているのが照会センターである。問い合わせると警察庁のデータベースからオンラインで回答があり、これを現場の警察官に伝えることで照会業務が遂行される。

前科・前歴だけでなく、盗難車両や行方不明者、運転免許証などに関する情報もデータベース管理されており、それらの情報を連携させることで第一線の警察官からの照会に即時に回答することが可能になっている。

逆に逮捕者の情報などを警察庁のデータベースに発信する役目もあり、もし送信した情報が間違っていれば業務的にも人権的にも大変なことになってしまうため、これも万が一にもミスが許されない責任の大きな仕事である。

「情報管理課」はこれだけ業務が多岐にわたり、重要性も高まっているため、目立たない印象の部署でありながら膨大な予算が用意されている。ある意味、中枢から末端に至るまでデジタル化された現代警察の「心臓部」ともいえる部署なのだ。

現場警察官の頂点で捜査に関する全権力を掌握する最高の現場指揮官

2016年、未解決事件の情報提供を呼びかけた警視庁の高田浩捜査一課長

凶悪犯罪の捜査を扱う部署のトップ

警察官なら一度は憧れる役職「捜査一課長」

取材・文●福田晃広（清談社）　写真●産経新聞社

「捜査一課長」の階級は上から4番目の警視正

2012年に放送が開始し、あまりの人気によって現在までシリーズ化している『警視庁・捜査一課長』（テレビ朝日系）。このドラマの主演である「捜査一課長」は、警察官なら一度は憧れる役職だという。

捜査一課長とはその名の通り、警視庁や道府県警察本部などの刑事部に設置される捜査一課の課長のことを指す。警視庁4万人の現場警察官の頂点で、捜査に関する全権力を掌握する最高の現場指揮官だ。ノンキャリアで各都道府県警察に地方公務員として採用された警察官にとって、最高峰のポジションに位置し、階級は上から4番目の警視正だ。

捜査一課は殺人、強盗、暴行、傷害、誘拐、立てこもり、性犯罪、放火などの強行犯と言われる凶悪犯罪の捜査を扱う部署。一課では一つの係が10人程度の捜査員を抱えていて、捜査の指揮を執るのは係長だ。あまり知られていないが、どの課の担当でもない特殊な事件も一課が取り扱うことになっている。ちなみに鑑識に交じって遺体を調査する捜査一課の刑事の姿は、警察ドラマでおなじみのシーンだが、実際の殺人事件で犯人がわかっていない現場に捜査一課が中に入ることはまずないという。というのも、少し周りを歩いただけで髪の毛やすね毛が落ちる可能性があり、現場が混乱するという理由からだ。警察ドラマで描かれることは、話半分に思ったほうがいい。

東京都内には102の所轄があるが、それぞれの所轄だけでは手に負えない重大事件が発生した時に、中心となって事件の捜査を担当するのもこの部署だ。たとえば、三億円事件やオウム真理教による地下鉄サリン事件、世田谷一家殺人事件など、世間を震撼させた大事件の捜査にあたっている。ほかにも一課の守備範囲がとてつもなく広い例として、2005年のJR福知山線脱線事故、2014年のJR川崎駅脱線事故など鉄道脱

事件の背景や被疑者がどんな人間なのか〝筋読み〟が一課の優れた能力

線事故が挙げられる。このように「人の生命や身体を脅かす犯罪」をカバーする捜査一課は、小説やテレビドラマ、映画では実力派揃いの花形部署として描かれることが多い。

一課の捜査員は全員「S1S mpd」(Search 1 Select Metropolitan Police Department=警視庁捜査第一課)と金文字の入った赤い丸バッジを背広の襟に付けている。このバッジは一課の捜査員だけに与えられるものだ。このバッジをつけている警察官を見かけると、現場は普段よりも緊張感が走るのだとか。また、捜査一課には、特殊部隊の「SIT」(刑事部捜査一課特殊犯捜査班)といって、各警察本部の刑事部に設けられた一部署がある。この「SIT」とは、誘拐事件などの捜査と人質救出が主な任務だ。

「二課は深読みできない」「一課の取り調べは甘い」

よく世間からは花形だといわれる捜査第一課だが、実際は二課や三課も自分たちのことを花形だと思っている節があるという。二課は、贈収賄、選挙違反、通貨偽造、詐欺、横領、背任、脱税、政治資金規正法違反などの知能犯罪を扱う部署。振り込め詐欺などの特殊詐欺も二課の担当だ。三課は、空き巣、ひったくり、スリ、万引きなどの窃盗事件を扱う部署だ。盗犯は知能犯と違い、いつも同じような手口で行われる可能性が高く、家宅侵入や窃盗の手口を捜査する「手口係」といった部署があるのも特徴。ちなみに四課は、広域指定暴力団や外国人犯罪などの取り締まりを扱う部署で、通称「マル暴」と呼ばれている。ただし、警視庁は「組織犯罪対策部」、福岡県警は「暴力団対策部」として他の部同様独立させているため、四課は存在しない。

凶悪犯と渡り合う一課と知能犯とやり合う二課では、それぞれ得意とする捜査手法も異なるうえ、それを誇りにしているため、ライバル関係にある。一課の人間は「二課は深読みできない」といい、二課の人間は「一課の取り調べは甘い」と考えている傾向にあるという。というのも、一課の場合、事件が起きてから動くため、事件の背景や被疑者がどんな人間なのか、いわゆる〝筋読み〟ができないといけない。そのため、この〝筋読み〟が一課の優れた能力なのだ。

一方、二課の場合、膨大な資料集めに始まり、その調査をもとにして被疑者を追い詰めていく厳しい取り調べに絶対的な自信を持っている。

どの課が一番の花形なのか、当事者たちにとってはすんなり決められる話ではないかもしれない。しかし、私たち市民を犯罪から守ってくれる頼もしい警察官たちであることに変わりはないのだ。

■事件発生から初動捜査の流れ

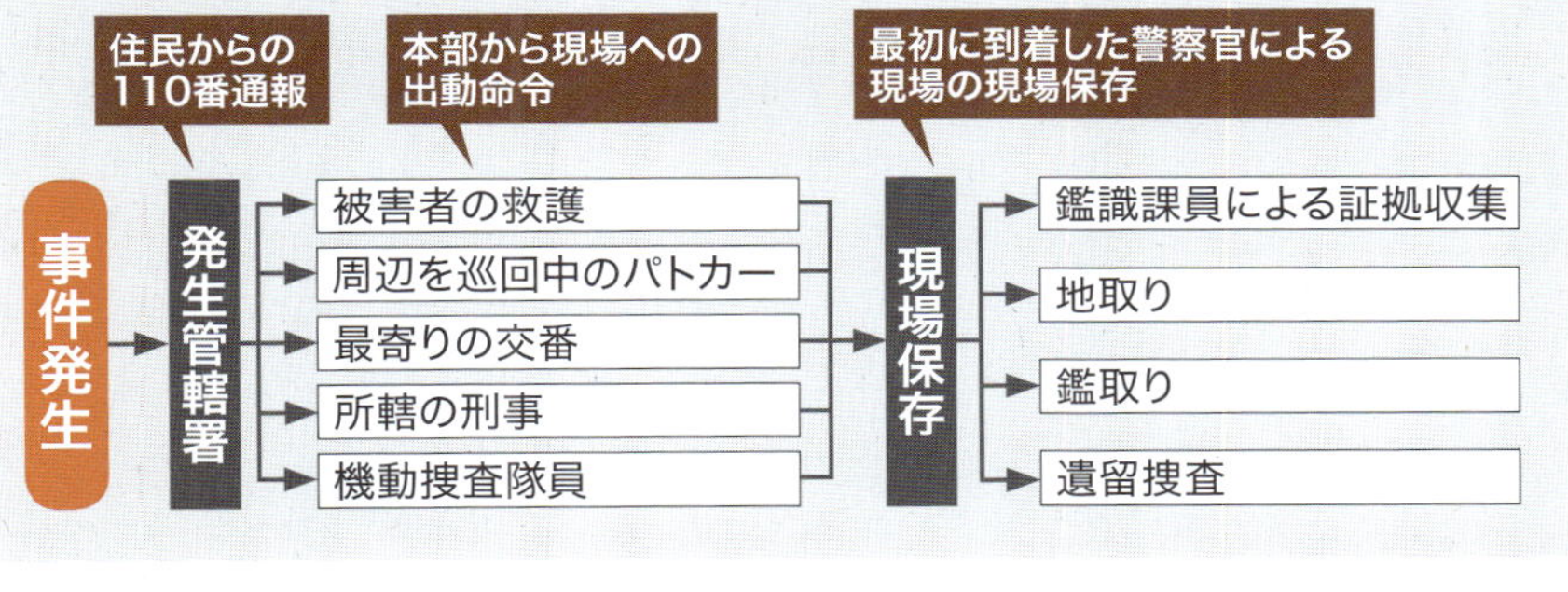

殺人・強盗だけじゃない犯罪捜査のスペシャリストその担当業務内容

エリート「二課」とマル暴「四課」

刑事部の仕事を総解説！「二課」「三課」「四課」

取材・文●本誌編集部　写真●産経新聞社

エリート集団が集う警視庁「捜査2課」

各都道府県の刑事部は「捜査一課」から「捜査四課」まで、4つの部署から成り立っている。

刑事ドラマや小説の舞台となることの多い「捜査一課」（殺人事件や強盗事件を担当）のほかにも、重要かつ特徴のある部署が3つあり、刑事たちはそれぞれ一課に負けぬプライドを持って職務にあたっている。

捜査二課はいわゆる知能犯を扱う部署で、具体的には贈収賄罪や詐欺、横領、背任、脱税といった事件を扱う。世間で話題になることの多い「振り込め詐欺」も二課の担当だ。

いまでも、古い世代の刑事は「サンズイこそ二課の花」と言う。サンズイとは汚職の「汚」の字から来る隠語で、贈収賄事件のことを指す。経済事件が多いことから、「二課は一課より知能指数が高い」「俺たちのライバルは特捜検察」と思っている刑事も多いと言われ、ある意味で「エリート集団」と目されてきたのは事実である。

捜査一課長がノンキャリ叩き上げのポストであるのに対し、二課長は警察庁のキャリア官僚が配置され、歴代の警視総監も、都道府県警の「二課長経験者」が多いことは事実である。

「ドロ刑」三課の悲哀と暴力団を担当する四課

捜査三課は盗犯、つまり広く窃盗を担当する。空き巣や万引き、引ったくりまで件数が多いため、やや地味だが重要な仕事である。

ただし、窃盗にともない被害者がケガをしたりすると案件は「強盗」つまり一課の担当になってしまうため、やりがいや醍醐味がない部署として見られがちだが、全刑法犯の4分の3は窃盗事件であり、エース級の人材が投入されていることからもわかるよう、決して軽視されているわけではない。

2018年には、捜査三課を舞台としたドラマ『ドロ刑』（日本テレビ系、泥棒役に遠藤憲一）が放送されたが、血なまぐさい犯罪はないため、どうしてもコミカルな印象が強くなってしまう。刑事が「人を殺した犯人を何としてでも検挙する」といった正義感や情熱を爆発させるシーンはないものの、巧妙化する犯罪に対応する三課は、犯罪捜査における「縁の下の力持ち」である。

捜査四課は暴力団専門で、腕に自信のある刑事たちには人気のある部署だ。柔剣道の猛者が多いのも特徴で、制服を着ていなければどちらが暴力団か分からない風貌の刑事も多い。

なお、警視庁と福岡県警は、それぞれ「組織犯罪対策本部」（組対）と「暴力団対策部」が存在するため、刑事部に「四課」はない。

また、その他の都道府県警においても、刑事部の内部に組織犯罪対策局などの部署がつくられているケースが増えている。

地域によって、暴力団対策の重点が大きく違うのが特徴で、都市部や指定暴力団の本拠地がある都道府県の「四課」「組対」は、やはり大所帯である。

「マル暴刑事」に学者肌 サラリーマン風の刑事は少ない

四課の「マル暴刑事」は、もともと任侠の世界が好きとしか思えないタイプが多く、学者肌、サラリーマン風の刑事は少ない。

一見、アナログ風な世界を想像するが、組対四課の本質は「情報戦」であり、いかに捜査対象に関する情報を得るかという部分が勝負どころになる。

このため、相手の懐に入り込みすぎて逆に利用され、あるいは同化してしまうというケースが過去に多々あった。やりがいのある一方で、さまざまなリスクの大きい部署であると言えるだろう。

暴力団捜査専門の「捜査四課」

■2〜4課業務表

刑事局部署名	扱う業務内容
捜査一課	殺人、強盗、暴行、傷害、誘拐、ハイジャック、放火、性犯罪など
捜査二課	贈収賄、通貨偽造、選挙違反、横領、脱税、背任、詐欺、政治資金規正法違反など
捜査三課	空き巣、万引き、スリ、引ったくりなどの窃盗事案全般
捜査四課（組織犯罪対策本部）	暴力団、外国人犯罪、反社会的勢力、銃器、薬物、密輸ほか

「法医」「心理」「文書」
「物理」「化学」の5つの科で
証拠を科学的に分析

ドラマと違って事件現場は訪れない

科学捜査のスペシャリスト集団「科捜研」

取材・文●佐藤勇馬　写真●共同通信社

専門知識と科学技術で事件を解決へと導く

人気ドラマシリーズ『科捜研の女』（テレビ朝日系）の舞台としても知られている科学捜査研究所（通称・科捜研）。原則的に各道府県警察本部の刑事部に属し、鑑識課員が事件現場から収集してきた証拠を科学的に分析する機関だ。業務上、鑑識課との結びつきが非常に強く、一般的には鑑識と科捜研の区別がついていない人も少なくない。

遺留品はまず鑑識課で分析され、より詳細な鑑定が必要になったときに科捜研へと送られる。科捜研の業務内容は大きく分けて「法医（生物科学）」「心理」「文書」「物理」「化学」の5つの科があり、それぞれ専門知識と高度な科学技術を駆使して事件を解決へと導くのが役目だ。

「法医科」は現場に残された血液、体液、毛髪、骨、皮膚組などの鑑定を担当し、最新技術を駆使したDNA型鑑定も行っている。近年、DNA型鑑定は指紋以上の証拠価値を認められるようになり、その精度も技術の進歩とともに上昇。これまで同じDNA型の出現頻度は「4兆7000億人に1人」だったが、現在は「565京人に1人」の新たな検査試薬が全国で順次導入され、より精密な個人識別が可能になっている。また、現場からの要請で「臨場」として事件現場へ向かい、ドラマでよく目にする「ルミノール検査」などの血液鑑定をすることもある。

「実際には『臨場』の機会はたまにしかなく、ドラマと違って事件が起こるたびに現場を訪れるようなことはありません。それどころか、研究員は事件の概要すら知らずに証拠鑑定している場合も多々あります。その方が余計な先入観や固定観念にとらわれることなく、客観的な視点で業務に集中できるんです。科学捜査では、感情に流されて冷静さを失ってしまうのはタブーといってもいいですからね」（科捜研関係者）

「心理科」は、いわゆる「ウソ発見器」として知られるポリグラフを使

最新技術と専門知識を駆使して科学的に「動かぬ証拠」を見つけ出す

った隠匿情報検査や犯罪心理の研究（プロファイリング）などを担当。ポリグラフは科捜研のなかで数少ない「対人」業務であり、研究員としてのスキル以上のものが求められる。また、昨今は心理学と統計学を駆使して犯罪者の性別や年齢、趣味嗜好、職業、行動を推定するプロファイリングが捜査に取り入れられる機会が増えた。特に愉快犯や行きずりの犯行など、被害者と犯人の接点がつかみづらい事件で威力を発揮する。

専門スキルを持つ研究員はほとんどが理系学部出身

「文書科」では、脅迫文などの肉筆で書かれた文章の筆跡鑑定をはじめ、印刷物や紙幣、パスポートなどの公文書の鑑定も担当する。同じ人間が書いた文字や同じ機械で印刷した文書であってもひとつとして「完全に同じもの」は存在せず、ほんのわずかな違いを見極めることが必要になる。焼けた書類や塗りつぶされた文字を鑑定しなくてはならないケースもあり、その業務は繊細さを極める。

「物理科」は、火災・爆発・作業事故・発砲事件の再現実験や、脅迫電話の音声鑑定、防犯カメラの映像解析など業務が多岐にわたる。火災の鑑定においては「臨場」で現場に赴き、ススだらけになりながら手作業で痕跡を探し出すことも。また、サイバー犯罪で使われたコンピューターの解析を担当することもある。

「化学科」は鑑定対象が幅広く、違法薬物や睡眠薬などの医薬品、交通事故で飛び散った車の塗料、事件現場に残された繊維片、毒劇物、火災等での油類などの検査を行なっている。一時期流行した「危険ドラッグ」のように含有成分が一定でなく、副作用が予測できない薬物が出回ることもあり、身体への影響の研究なども重要な業務となっている。

このように科捜研には専門分野に特化した研究員が所属し、そのほとんどは理系学部の出身者。地方公務員として各地の警察で不定期募集され、ほかの公務員と同様に採用試験によって選考される。このようにして、あらゆる科学捜査のスペシャリストがそろった集団が構成されている。

似たような名称で混同されがちなのが前出の「科学警察研究所」（通称・科警研）。科警研は警察庁の附属機関であり、各地の科捜研に対して鑑定技術を指導したり、科捜研で扱えないほどの難しい鑑定を担当したりするのが主な業務となっている。少数精鋭で新人の採用人数も少なく、科捜研がスペシャリスト集団なら科警研は選び抜かれたエリート集団といえるだろう。

刑事のように華々しく活躍するわけではないが、最新技術と専門知識を駆使して科学的に「動かぬ証拠」を見つけ出す科捜研と科警研。これからの時代、さらに重要性が増していく機関といえそうだ。

■科学捜査研究所の主な役割

法医	血液・精液鑑定やDNA鑑定など
化学	工業製品、毒物・薬物鑑定など
物理	事故検証、音声・防犯映像解析など
文書	筆跡・印刷鑑定、PC解析など
心理	ポリグラフ、プロファイリングなど

ドラマ『科捜研の女』には本当の科捜研から感謝状が贈られた

戦前から存在する日本最大の実働部隊その実力と職務

全国1万2000人の「実行部隊」

治安と警備「機動隊」の全貌

取材・文●本誌編集部　写真●産経新聞社

全国で総勢1万2000人 治安維持や警備に従事

一般に機動隊と言えば、全国の都道府県警備部に所属する警備部隊のことを指すが、似た名前のセクションに「交通機動隊」（主に交通取り締まり）や「機動捜査隊」（刑事部の捜査隊）もある。ここでは、警備部の機動隊について説明する。

機動隊の歴史を紐解けば、戦前の1933年に当時の内務省警視庁が設置した特別警備隊に行き当たる。暴力的なクーデターなどの社会情勢に対応する実力部隊として組織され「昭和の新選組」とも呼ばれた。

戦後の1948年に、特別警備隊を引き継ぐ警視庁予備隊が組織され、1952年以降、全国の都道府県にこの予備隊と似た性格の「機動隊」が設置された。1957年、警視庁予備隊も「警視庁機動隊」と改称され、現在に至っている。

戦後、機動隊は学生運動、あさま山荘事件、阪神大震災や東日本大震災の被災現場などで活躍し、存在感を示してきた。基幹となる機動隊は全国で約8000人、さらにその下に管区機動隊が4000人体制で配置されている。

この機動隊員はあくまで警察官なので、「機動隊員としての採用」というものは存在しない。警察学校などで体力面で優秀と認められたり、武道やスポーツなどで優秀な実績がある人材が、機動隊に配属されやすいと言われている。

災害支援の現場では、自衛隊員と似た動きをすることもある。ただし、機動隊員と自衛隊員の違いは明確で、国の専守防衛を任務とする自衛隊員の敵は基本的に海外にいるのに対し、国内の治安警備を担当する機動隊の敵は国内にいることになる。

約3000人を擁する警視庁の機動隊

国内最大の機動隊を擁するのは、機動隊発祥の警視庁で約3000人が所属している。

「機動隊の誇り」として語り継がれる「あさま山荘事件」で殉職した2名

機動隊員は、警察官のなかでも命の危険がある現場に立ち会う確率が高いとされる。東日本大震災で福島第1原発への放水任務に出動したのも警視庁の機動隊員だった。

いまでも伝説的に語られるのは1972年の「あさま山荘事件」である。

日本中の注目を集めたこの事件では、警視庁機動隊の第二機動隊長と特科車両隊中隊長の2名が殉職したが、彼らはいまでも「機動隊の誇り」として語り継がれている。

警視庁機動隊は1957年に機動隊と改称された後、第一～五機動隊を設置。1969年には過激派への対応などで第六～九機動隊と特科車両隊を増設し、現在の10個隊体制となった。

また、テロに対応する銃器対策部隊や国内外の大規模災害時に出動できる緊急援助隊のほか、山岳救助や水難救助、爆発物処理、化学防護などの専門部隊が整備されている。

格上の一機、「河童の二機」「ほこりの三機」「鬼の四機」

警察内部における「機動隊」という部署の人気は、それほど高くはない。

業務の内容はリスクが高く、肉体的にも過酷なため、昇進試験を受け幹部を目指すようなタイプとは肌合いが合わない。

しかし、それだけに現場要員である機動隊員の絆は強く、誇りは高い。

警視庁の場合、メインの機動隊は第一機動隊から第九機動隊まで、所在地別に分かれており、それぞれが予備隊時代からの歴史を持っている。

たとえばリーダー格の第一機動隊（千代田区）は、ほかの機動隊長が基本的に警視であるのに対し、格上の警視正が置かれる。

第二機動隊（墨田区）は、水害警備に強いとされ、「河童の二機」の愛称で知られる。第三機動隊（目黒区）は「ほこりの三機」（誇りと埃をかけている）、第四機動隊（立川市）は「鬼の四機」（どんなに批判されても任務をやりとげる）といった具合に、それぞれニックネームがあり、それらは機動隊員の連携とプライドを維持するのに役立っている。

機動隊はその任務上、若手が中心である。その若い時分にともに所属した体験は、深い友情につながるともいわれる。決してエリートではない機動隊員たちの、ひそかなネットワークは全国に広く根付いているのだ。

機動隊がヒーローになった1972年の「あさま山荘事件」

警察組織の縮図！
市民の安全を守る
最前線の全貌

警察署長になれば大出世！

「警察署」の機能と役割

取材・文●本誌編集部　写真●産経新聞社

東京の警察署に存在する「8つの課」の役割分担

警察庁の指揮・監督下に各都道府県警があり、その最前線にあるのが警察署であり、さらにその先が交番、駐在所である。

一般人が日常生活を送るうえで、県警の本部に出かけることはあまりないが、最寄りの警察署であれば、免許証の更新や各種届出、相談ごとなどを含め、少しは接点があるという人も多くなるだろう。

各県警本部は「刑事部」「交通部」など「部」に分かれているが、警察署は「課」に分かれている。

警視庁の場合は8つの課に分かれており、それぞれ次のような役割を担っている。

①警務課……市民からの相談窓口。また、留置所の管理や人事などを担当。

②会計課……拾得物の受理や、職員の給与事務、装備品の管理など。

③生活安全課……保安係や少年係があり、防犯や少年事件を担当。また地域の経済事件などを捜査する。

④地域課……交番や駐在所などの管理や車両の運用など。

⑤刑事課……窃盗事件や知能犯の捜査を担当。

⑥交通課……交通違反の取り締りや交通事故の捜査、鑑識など。

⑦警備課……警備全般や公安事件、外国人犯罪などの捜査、情報収集。

⑧組織犯罪対策課……暴力団関連犯罪や銃器・薬物事件の捜査。

事件の捜査は、所轄の警察署と本庁（東京都の場合）の連携で行われる。初動で被疑者を検挙できればよいが、そうならなかった場合には本庁から応援が送り込まれ捜査本部が設置される。あとは所轄の警察署と本庁のそれぞれの捜査官（刑事）が協力して事件の解決に当たる。

時と場合にもよるが、その連携に対立構造が生まれる余地はあまりなく、少なくとも同じ都道府県内のメンバーであれば「縄張り争い」が起きることはほとんどないといわれている。

警察署長は地域の名士 キャリアは若くして就任

大規模な警察署における警察署長は正真正銘の幹部で、民間企業でいうなら平の取締役かその一歩手前の警視正が登用されることが多い。小規模な警察署の署長は警視だが、これも幹部である。なお、事件が発生した際に新聞記者などへのメディア対応は副署長の役割だ。

警察署長ともなれば、様々な許認可権を一手に握っているため、地域では名士といえる存在である。

ノンキャリの場合、警視正にまで出世するのは極めて難しいため、警察署長になれたら大出世、大抜擢。ただしなれてもそこがゴールということがほとんどだ。

しかし、東大を出て総合職の国家公務員試験に合格し、警察庁に入庁したキャリア組は30歳前後で警視に昇進するため、父のような年齢の部下たちを従える警察署長になることがしばしばある。この構図はドラマにもなったことがあるので一般にもよく知られている。

キャリアの優位性が露骨に見える人事だが、これも歴史あるシステムゆえ、「若殿」を無事に出世させることが周囲の評価に繋がるということを全員がよく理解しているので卑屈になる人間はいない。

有名なのは文京区の本富士警察署長で、ここは東大を管轄内に置くせいか、「キャリア官僚」が警察署長をつとめることが多かった。

ちなみに似たような制度は財務省（旧大蔵省）にもかつてあり、キャリア組が若くして地方の税務署長に就任していた。しかし現在の財務省の人事制度は現在なくなっている。

警察署は、警察という組織のひとつの縮図、ミニチュア版であり、ここでの経験が、警察官としての育成の場となる。

とくに、大都市の大きな警察署では、ありとあらゆる業務が待ち構えており、たとえば警視庁においては丸の内警察署、麹町警察署、目黒警察署、万世橋警察署などが「出世コース」と言われている。

■警察署の組織図（警視庁の場合）

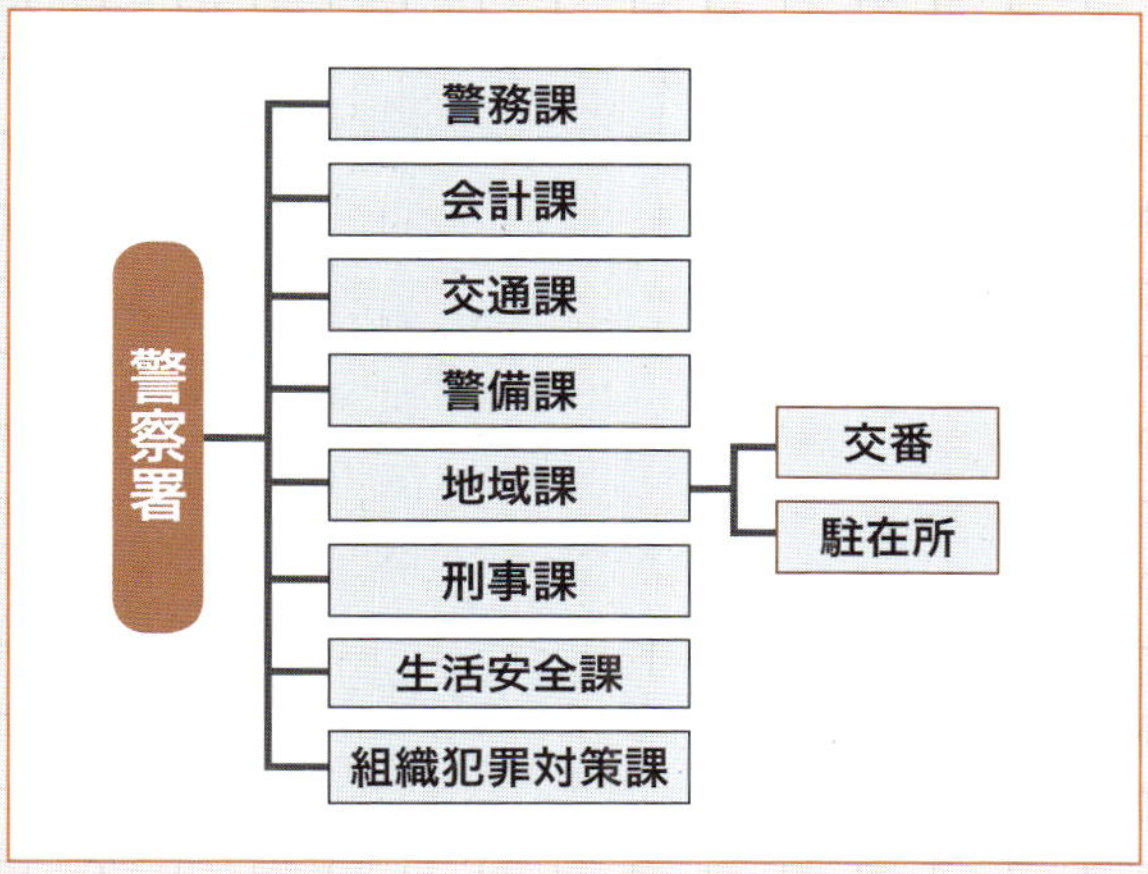

エリートコースとされる警視庁丸の内署

激しい競争を勝ち抜いた者だけが任命されるエリート集団

殉職する自己犠牲の精神も問われる職種

政治家などの要人警護の専門職「SP」

取材・文●福田晃広（清談社）　写真●産経新聞社

警視庁警備部警護課に属するセキュリティポリス

政治家などの要人を守ることが仕事の「SP」。テレビドラマや映画でも数多く扱われるため、存在をまったく知らない人は少ないだろう。あらためてSPとは何かというと、セキュリティポリスの略。要人警護を専門とする警視庁警備部警護課の警察官のことだ。

警護課には庶務を担当する警護管理係と首相官邸の警護を担当する総理大臣官邸警備隊のほかに、第1から第4係までの計6セクションがある。第1係の警護対象は内閣総理大臣。第2係は衆参両院議長・副議長、最高裁長官および国務大臣が警護の対象となっている。第3係は国賓や海外からの外交使節団を警護する。最後の第4係は東京都知事、日本共産党を除く政党要人の警護を受け持つ。

ほかにも、総理大臣官邸の施設警備を行なう「総理大臣官邸警備隊」という部隊もあるが、身辺警護の任務はないため、SPにはあたらない。また一般に、国会議員（主要政党の代表者や閣僚ではない者）にもSPがついていると思われがちだが、原則、SPが国会議員の警護にあたることはなく、それぞれの国会議員は警備会社のボディーガードを個別に依頼していることが多い。ただし、例外として発言や政策などで、暴力団や右翼団体、過激派などから命を狙われる危険のある国会議員の場合、当該議員側もしくは警察当局からの要請でSPの警護が行われるケースもある。SPが身辺警護を行う対象人物は、あくまでも法律に基づいた非常に限られた範囲であるため、たとえ大物政治家や高級官僚といった要人であっても、生命を狙われる危険性が明白でないかぎりは、SPが警護することはない。彼らの身辺警護は、支持者有志や警備会社のボディーガードにより行われるのだ。

武道、射撃の腕前に英会話も必須とされる

基本的に民間人はSPの警護対

VIPを接遇する礼儀作法も求められるSP

象ではないが、唯一例外として、日本経済団体連合会（経団連）の現役会長が警護を受けていた期間もある。野村秋介率いる三島由紀夫派の右翼団体による経団連襲撃事件が起きた1977年から2010年までの33年間だ。かつてない不景気のなかで、正規雇用の増加を目指した鳩山由紀夫首相と、不景気を克服することを要望する経団連との対立が決定的となった同時期に、警察庁警備局から警視庁に異例の指示が下され、警護対象から除外された。それ以降は、民間人の立場でSPによる警護を受けている者はいない。

　それほどに任務が重大なこともあり、SPになるための条件は厳しい。身長173センチ以上、柔道もしくは剣道3段以上、拳銃の射撃技術は上級の腕前が必要で、英会話も必須だ。これらの要件をクリアし、SPとしての適性を認められた警察官のなかで、上司からの推薦を得た者のみ専用施設で特別な研修を3カ月間受けられる。そして、さらにその研修のなかで、ほかのSP候補生との激しい競争を勝ち抜いた者たちだけが晴れてSPに任命されるのである。

　逮捕術、格闘術、射撃技能に加えて、不審者を相手より先に発見するための目配り、パトカーの運転テクニック、同僚との協調性、自制心、自己管理能力、法令遵守の精神、VIPを接遇する礼儀作法など求められる。犯人が振りかざす凶器や銃口の動線を目標に体当たりの突撃を敢行して、文字通り人間の盾となり受傷、最悪の場合は殉職する自己犠牲の精神も問われる職種なのだ。

　最後にSPが導入されたきっかけとされている事件を紹介しよう。1975年6月16日、日本武道館で行なわれた佐藤栄作元首相の国民葬の席で、当時の三木武夫首相が大日本愛国党の党員に顔を殴られてしまったのだ。事件当日、三木首相のそばには警視庁の警察官が護衛として配置されていたものの、目立たないようにやや離れた場所にいた。加えて、三木首相の進行方向ばかりに気を取られ、暴漢への対応が遅れたとされる。このため警視庁は、新たな要人警護の組織をつくることを検討、約3カ月後の9月13日にSPが創設されたのだった。

　実は、この前年にフォード米大統領が日本を訪れた際、アメリカのシークレットサービス（通称SS）の警護方式が警視庁警備部幹部に強い印象を残していたことも影響しているとされている。ちなみに略称「SP」はシークレットサービスの略称「SS」をならったものであり、訓練内容もSSを参考にしているとされる。

大阪府警が実演した模擬ＳＰデモンストレーション

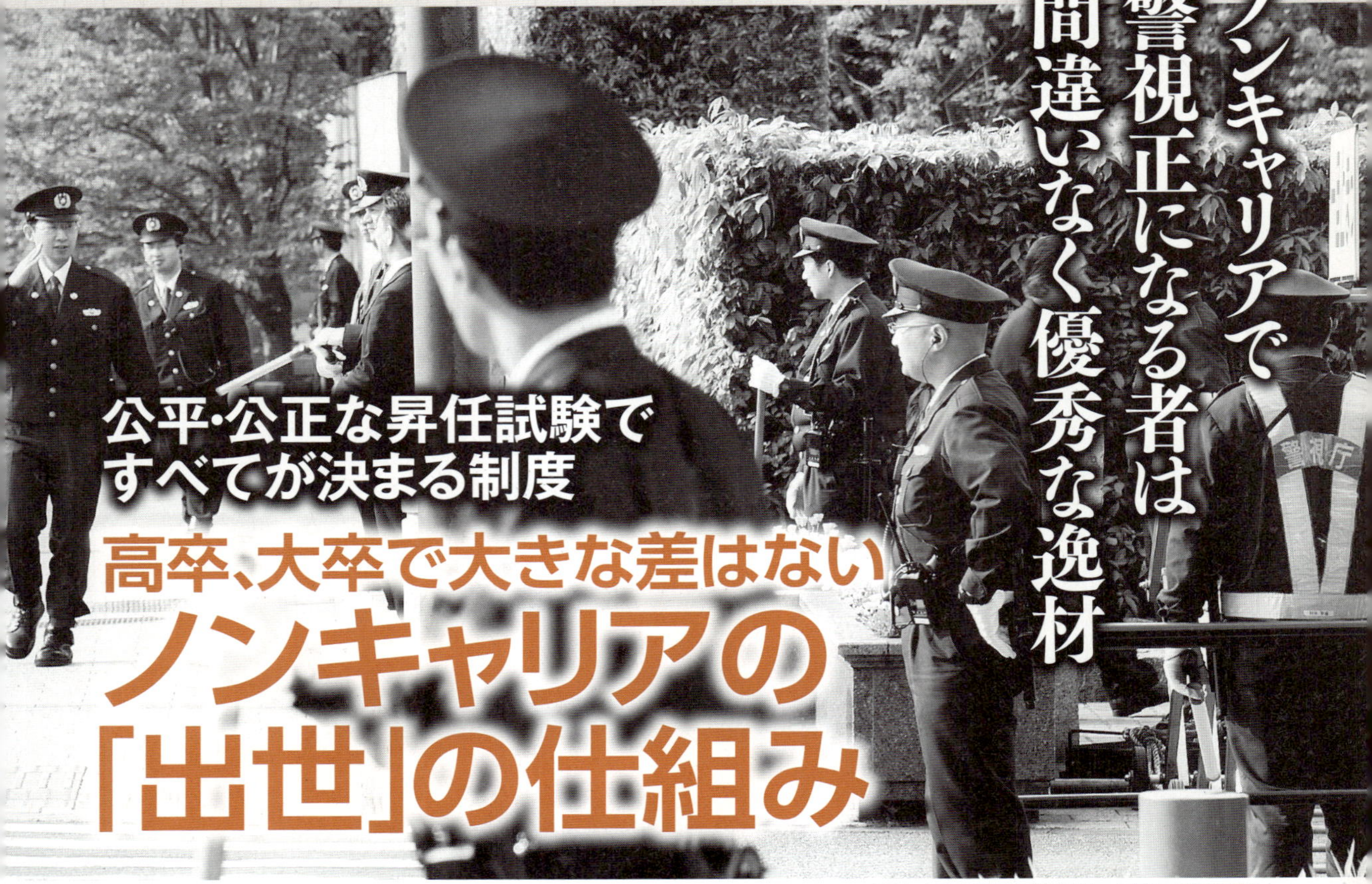

ノンキャリアで警視正になる者は間違いなく優秀な逸材

公平・公正な昇任試験ですべてが決まる制度

高卒、大卒で大きな差はない

ノンキャリアの「出世」の仕組み

取材・文●福田晃広（清談社）　写真●産経新聞社

現場での実績ではなく試験での高得点が最重要

圧倒的な縦社会である警察の世界は、階級以外にもキャリアとノンキャリアという区分が存在する。

その分け方は、警察官になるために受けた試験の違いで決まる。キャリアは、国家公務員総合職試験（旧国家公務員Ⅰ種試験）に合格した警察官を指し、身分は国家公務員。所属も警察庁となり、本部や所轄に派遣されるのは出向に近い形だ。同じ国家公務員試験でも、一般職試験（旧国家公務員Ⅱ種試験）合格者は「準キャリア」と呼ばれ、これら以外の地方公務員採用者がノンキャリアとなる。ここでは、ノンキャリアの出世コースについて述べていきたい。

ノンキャリアはいちばん下の階級である巡査からスタート。高卒、大卒の学歴に加えて、現場での実績や経験を問わず、上に行くためには昇任試験をクリアしなければならない。この筆記試験の成績によって合否が決まるシンプルなものだ。より高得点を取った者が上に行けるこの公平・公正さにこそ、警察官の階級に対する絶対的信頼を生んでいるといっても過言ではない。もしも、上司受けがよかったり、過去に有名な事件の捜査に関わった経験があったりなどの理由が選考に響けば、上司に擦り寄ったり、地味な業務・任務をないがしろにする者が出てきて、警察という組織の統制が取ることができない可能性もある。階級制度と、公正かつ客観的なペーパーテストの結果による昇任制度の2つがあることによって、警察が磐石な組織として存立しているのだ。

警部以上の昇任は試験はなく推薦のみ

ノンキャリアの場合、高卒、大卒で大きな違いはないと言われている。しかし、実のところ大卒は、高卒よりも初任給が約3万円高いうえ、出世も早い利点があるのが実態だ。順番に説明していこう。

高卒の巡査がひとつ上の階級で、現場のまとめ役である巡査部長に

高卒者も大卒者も最短27歳で警部補になることが可能

なるための昇任試験を受験する場合、警察学校卒業後、各警察署に配置（卒業配置、略称「卒配」）されてから4年の実務経験が必要となる。この卒配は、交番勤務を始め、警察署と本部（東京にかぎって本庁と呼ぶ）との間で異動を何度も繰り返し、実務経験を積んでいく流れだ。

たとえば、18歳で警察学校に入校し、19歳で卒配したケースだと、そこから4年の実務経験を経るわけなので、大卒者が警察官として社会に出る頃には、すでに巡査部長になる者もいる。一方、大卒者は卒配した後、2年の実務経験のみで巡査部長昇任試験の受験資格が得られる。

さらに巡査部長から責任者として現場を指揮する警部補への昇進も同様、高卒者が4年、大卒者が2年の実務経験が受験資格だ。つまり、高卒者も大卒者も最短27歳で警部補になることも可能なのだ。

その先の警部補から最前線の管理職となる警部への昇任は、学歴関係なしで実務経験が4年あれば受験でき、最速31歳で警部になれる。

ちなみにキャリアが31歳の頃になれば、警部の2つ上にあたる警視正、準キャリアなら、警部の1つ上の警視に就いている者も少なくない。となると、31歳前後までは、絶望的な格差があるというわけでもないのだ。キャリアは昇任試験もなく、エスカレーター式に上がっていく。ノンキャリアも警部から警視、警視から警視正になるための試験はなく、実務経験もさほど関係ないと言われている。必要になるのは上司からの推薦のみで、いかに幹部から好かれているかどうかがすべてになってくる。しかし、警部から警視は、空きがなければ昇任できない。

ただ、昇任が早すぎる弊害も現場では起きているという。たとえば、仕事内容をしっかり把握できないまま、役職だけが上がっていくと、本人以上にその指示を受けて行動する部下が困るのだとか。

とはいえ、警部ならまだしも、ノンキャリアで警視正までになる者は、キャリアで入っていれば警察庁長官や警視総監になれる、間違いなく優秀な逸材だという。

民間企業において、以前よりも学歴主義の傾向が薄れているといわれることもあるが、警察の世界では良くも悪くも根強く存在しているのだ。

都市部で活躍する「ＤＪポリス」も昇任するためには試験合格が必須

警察法で階級制度の外に置かれる警察庁長官に次ぐ第二位の警察

キャリア組から選ばれることが決定事項

警視庁の長であり、警察官の最高位「警視総監」

取材・文●福田晃広（清談社）　写真●産経新聞社

警察庁長官とともに総理大臣の承認が必要

東京都警察の本部である警視庁の長でありつつ、日本全国の警察官最高位に君臨する警視総監。警察法の規程で階級制度の外に置かれる警察庁長官に次ぐ、第2位の警察官だ。しかし、現場の舞台では長官より花形の存在。そのため、長官、総監のどちらへも栄進できる立場にいながら、警察官を志した以上は総監を選ぶ者も少なくないという。

警視庁は、首都・東京を管内とするもので、その権限は東京都以外までは及ばず、ほかの県警と同様、地方公安委員会の管理下に置かれていて、その予算も自治体予算でまかなわれている。だが、東京には国家機関が集結しているため、警視庁は、国家を守る国家警察としての顔を持っている。国会をはじめ、首相官邸、最高裁判所、各省庁、大公使館、政党本部など国政の中枢機関がもしも破壊されたり、侵略されたりした場合、国家存続の危機になることはもちろん、外交問題に発展する危険性もはらんでいる。それほど、警視庁に求められる責任は大きいのだ。また、国家警察の役割を担っているため、警察庁長官と並び、内閣総理大臣の承認が必要となっている。

ちなみに、ほかの道府県警察で警視総監に値する本部長は、国家公安委員長が現地公安委員会の同意を得て任免するが、これはあくまでも形式上のことで、実際は警察庁の警務局が選んでいる。

警察庁長官同様、キャリア組から選ばれることが決定事項となっており、出世のゴールである。現警察法施行後、いわゆるキャリア以外のノンキャリアが警視総監に就任した事例はないのだが、警察法上は理論的に就任可能だ。ただし、物理的に定年までに間に合わない年齢的な問題や過去の慣例といった都合などから、実質的にキャリア専用の階級となっているのが実態だ。

定年は62歳。退官後は、慣例と

して70歳以降の春秋叙勲で、警察庁長官であった者と同じく瑞宝重光章を授与されることになっている。

関係者に衝撃を与えた「警察庁長官狙撃事件」

1995年3月30日、國松警察庁長官が何者かに狙撃される事件が起きた。当初関与を疑われたオウム信者の警察官が東京大学の隣にある本富士警察署の署員だったことは、警視庁、警察庁関係者にかなりの衝撃を与えたのは想像に難くない。なぜなら、この本富士警察署は、東大閥のキャリア組の登竜門だったからだ。この事件以降、伝統ある東大閥の一角が崩壊したといわれ、ノンキャリア組からも本富士警察署長が生まれている。

警備・公安部は警視総監に繋がるエリートコース

ほかにも、警視総監に繋がるエリートコースといわれているのは、警備・公安部だ。たとえば、警視庁警備部長から警視総監になった者には、第64代・小倉謙を皮切りに、続けて65代・原文兵衛や70代土田国保、73代・下稲葉耕吉などが挙げられる。警視庁公安部長から警視総監になった者には、67代・秦野章、74代・福田勝一、75代・鎌倉節がいる。

現在、第95代・警視総監を務めている三浦正充は、警察庁次長からの昇進で異例の人事だと騒がれた。というのも、警察庁次長の多くが警察庁長官に就いたケースがほとんどで、警視総監になったのは24年ぶりの出来事だったからだ。三浦氏は東大法学部卒業後、1982年警察庁に入り。沖縄県警本部長や警察庁人事課長、刑事局長、官房長などを歴任。18年1月から次長を務め、同年9月警視総監に就任。暴力団や外国人犯罪など組織犯罪対策の部門や人事部門が長かった。

圧倒的な東大卒優位のなかで、日本大学卒で警視総監にまで上り詰めた異色の存在なのが、のちに法務大臣も務めた第67代・秦野章（67～69年）だ。初の私大出身の警視総監に加えて、内務省勤務や警察以外の職歴経験もある苦労人。兵庫県警刑事課長、大阪府警刑事部長、警視庁刑事部長などを歴任。学生運動や70年安保闘争真っ只中の時代に警視庁トップとして指揮をとった。

警視総監をつとめたあと、政界に転身。法相もつとめた秦野章（2002年死去）

警備の実力を示す日本版「CTU」

テロ対策部隊「SAT」の正体

日本版「CTU」は精鋭300人の特殊部隊

取材・文●本誌編集部　写真●共同通信社

テロ対策から生まれたスペシャリスト部隊

「SAT」という名前を聞いたり、目にしたことがあっても、その実態がいかなるものかを正確に理解している人は少ないかもしれない。

SATとは、英語で「スペシャル・アサルト・チーム」（Special Assault Team）の頭文字を取ったもので、直訳すれば特殊急襲部隊となる。

ただし、SATは警察における正式名称ではなく、単に都道府県警の警備部や機動隊内における「特殊部隊」であり、警視庁であれば「警視庁特殊部隊」と呼ばれる。

日本のすべての都道府県にSATが編成されているわけではなく、現状は警視庁、大阪府警、北海道警、千葉県警、神奈川県警、愛知県警、福岡県警、沖縄県警がSATを保有しており、総人員は約300名程度である。

その任務は、重大なテロ事件やハイジャック等の占拠事件に対応するスペシャリスト集団であることから、陣容の割に注目度が高く、たびたび映画やドラマなどでも描かれている。

SATが創設されるきっかけとなったのは、1977年に起きた「ダッカ事件」と言われている。

バングラディシュのダッカ空港において、パリ発羽田空港行きの航空機が武装した日本赤軍グループにハイジャックされたこの事件。犯人グループの要求に応じ、収監されていた6人のメンバーが釈放された。「1人の生命は地球より重い」という当時の福田赳夫首相の言葉は有名である。

この事件を契機に、テロや人質事件に対応できる専門チームの必要性が議論され、機動隊から選ばれた精鋭メンバーが、警視庁と大阪府警内でSATの前身に当たる「SAP」（Special Armd Police）を編成した。しかし、当時はこの部隊そのものが表向きは秘匿されていたため、一般にはほとんど知られていない状態が10年以上続いた。

SATに所属していることは亡くなるまで家族にも知らされない

部隊が初めて大きな注目を浴びたのは、1995年6月に起きた全日空ハイジャック事件である。羽田発函館行きの全日空国内線がハイジャックされたこの事件は、発生直後、当時日本中を騒がせていたオウム真理教関係者による犯行と見る向きもあった。しかし実際はオウムと無関係で、函館空港に回った警視庁のSAPと北海道警の機動隊が協力して、犠牲者を出すことなく犯人を確保した。

SAT誕生のきっかけとなった1977年の「ダッカ事件」

「西鉄バスジャック事件」で突入映像が広く公開される

その後、SAPはSATという略称に改称され、報道陣にも訓練の様子が公表されるようになった。

2000年5月、当事17歳の少年による「西鉄バスジャック事件」事件が発生。広島県内のパーキングエリアで、SATと犯人の攻防が繰り広げられたが、最後にはSATが強行突入して事件は解決に至った。この事件では、1人の犠牲者（少年に刃物で殺害された）が出ている。

人質事件にも対応するSATの任務は、極めて政治的な側面を持っている場合がある。指揮系統としては都道府県警の警備課長が指揮を取ることになるが、最終的な方針決定や作戦の判断が、各都道府県の県警本部長や警視総監、さらには官邸の意向に委ねられることもあるという。

SATのメンバーはベールに包まれているが、基本的には機動隊から選抜されたエリートである。強靭な体力、精神力を有することはもちろんだが、情報を秘匿する精神力も必要で、まさに精鋭部隊の名にふさわしい。2007年、愛知県の長久手町で立てこもり発砲事件が発生した際、大阪府警のSAT隊員が1名死去したが、隊員の家族も亡くなるまで、本人がSATに所属していたことを知らされていなかったという。

この事件の後、SATを支援する「特殊部隊支援班」（SATサポートスタッフ、通称スリーエス）が組織され、さらに現場での連携向上が可能になった。

近年は訓練も一般に公開されている

注目度が高い職場ゆえ、警察官希望者のなかに「夢はSAT」という者も少なくない。だが、多くの隊員たちはドラマのように華々しい活躍を見せることなく、粛々と任務に当たる「影のメンバー」たちである。

複数の都道府県を舞台にした事件とは？

「広域重要指定事件」その発生と結末

取材・文●後藤豊

「広域重要指定事件」とは、同一犯による犯行が複数の都道府県に渡る事件であり、警察庁が指定したうえで全国の警察が協力して捜査にあたる。これまで24の事件が指定を受けており、うち14の事件で被疑者の死刑が確定している。過去の指定事件を振り返ってみたい。

グリコ・森永事件

１９８４年、兵庫県に住む江崎グリコ社長が全裸で誘拐され、大阪に住む同社取締役宅に電話が入り、犯人が指定する場所に身代金10億円を要求する脅迫状が置かれていた。3日後、監禁されていた倉庫から自力で逃げた社長が保護されるも、その後数度にわたり「かい人21面相」を名乗る人物から脅迫状が届いた。1カ月後には「かい人21面相」から「グリコ製品に青酸ソーダを入れた」との脅迫状が届き、全国のスーパーからグリコ製品が撤去される事態に。

さらに1カ月後、今度は丸大食品に５０００万円を要求する脅迫状が届き、刑事が犯人の指示通り電車に乗り込むと、そのうちの1人が「キツネ目の男」を発見する（この男は別の脅迫事件でも刑事に目撃されたため似顔絵が公開された）。その後も犯人グループはハウス食品、不二家、駿河屋へ脅迫状を送り、関西のスーパーやコンビニで「どくいり　きけん　たべたら　しぬで」と書かれた青酸入りの菓子が発見される。事件から10カ月後、犯人が休戦すると宣言。結局、犯人は逮捕されずグリコ事件は公訴時効に。株価操作説を筆頭に数多くの犯人像がささやかれた。

赤報隊事件

朝日新聞阪神支局に無言電話が頻発していた１９８７年5月3日。夕食を取っていた3人の記者がフレームの眼鏡と目出し帽をかぶった全身黒ずくめの男に発砲された。若手記者が死亡、ベテラン記者も80数発の散弾銃を撃たれ数本の指を切断される重症を負った。のちに「反日分子を死刑とする」などと書かれた犯行声明を送りつけた赤報隊を名乗る犯人グループは、その後も朝日新聞名古屋本社社員寮襲撃事件、朝日新聞静岡支局爆破未遂事件、中曽根康弘・竹下登両元首相脅迫事件、リクルート会長宅銃撃事件などを起こし、いずれも声明文を発表。犯罪の性質から公安が捜査を担当したともいわれている。すべての事件が解決されず公訴時効が成立したが、被害を受けた朝日新聞は、その後も真相解明のため取材を続けた。

東京・埼玉連続幼女誘拐殺人事件

昭和が終わりを迎える１９８８年夏。埼玉県入間市で4歳の女児Aちゃんが行方不明となった。その後、小学校1年生の女児Bちゃん、幼稚園児Cちゃんが相次いで行方不明となり、Cちゃんの遺体が埼玉県飯能市にある杉林で発見され、5日後にはCちゃんの父親

■警察庁・広域重要指定事件

番号	指定日	被疑者	事件
101号	1964.5.15	島田邦男	連続学校金庫破り事件
102号	1964.7.4	星一夫	連続官公庁金庫破り事件
103号	1964.9.19	吉田明ほか7人	集団銀行帰り窃盗事件
104号	1965.1.20	井原房太郎	連続工場金庫破り事件
105号	1965.12.9	古谷惣吉	古谷惣吉連続殺人事件
106号	1967.1.23	塚本隆一	混血少年連続殺人事件
107号	1967.6.17	若松善紀	横須賀線電車爆破事件
108号	1968.10.18	永山則夫	永山則夫連続射殺事件
109号	1970.7.29	柳谷昇ほか7名	連続集団窃盗事件
110号	1979.12.12	浅野克康ほか1名	連続銀行強盗事件
111号	1980.3.30	宮崎知子	富山・長野連続女性誘拐殺人事件
112号	1982.6.24	藤間静波	藤沢母娘殺人事件ほか2事件
113号	1982.11.1	勝田清孝	勝田清孝事件の一部
114号	1984.4.12	未検挙	グリコ・森永事件
115号	1984.9.5	広田雅晴	京都元警官強盗殺人事件
116号	1987.9.25	未検挙	赤報隊事件
117号	1989.8.15	宮﨑勤	東京・埼玉連続幼女誘拐殺人事件
118号	1991.6.17	岡崎茂男ほか7名	千葉・福島・岩手誘拐殺人事件
119号	1991.12.30	西川正勝	スナックママ連続殺人事件
120号	1994.2.10	上田宜範	大阪愛犬家連続殺人事件
121号	1994.4.18	下山信一ほか6名	日本・外国人集団連続強盗殺人事件
122号	1995.6.12	鎌田安利	大阪連続バラバラ殺人事件
123号	1995.7.26	宮沢吉司ほか4名	浦安・横浜連続殺人事件
124号	2005.12.7	小田島鐵男ほか1名	マブチモーター社長宅殺人放火事件ほか2事件

宛に犯行を示唆するハガキが届いた。翌年2月にはAちゃん宅に遺骨と衣服が入った段ボールが置かれ、4日後に「今田勇子」を名乗る犯行声明が朝日新聞に届く。4カ月後には東京都江東区に住む5歳のDちゃんが殺害され、のこぎりにより切断された遺体が飯能市で見つかった。1カ月後、5人目の女児が山林に連れ込まれたが、女児の父親により犯人の宮崎勤（当時26）が取り押さえられた。宮崎は死体にわいせつな行為をする様子をビデオ撮影。おとなしくて目立たない根暗な男による異常な幼児性愛がクローズアップされ、「オタク」という言葉が世に広まった。地元の名士だった父親は94年に自殺、妹は婚約を破棄、叔父も会社の役員を辞職。家族のみならず親戚の運命さえ狂わせた事件となった。08年に死刑が執行された際、宮崎の母は遺体を引き取らず拘置所に処置を任せている。

マブチモーター社長宅殺人放火事件

2002年8月、小型モーターで世界に圧倒的なシェアを誇る、千葉県松戸市のマブチモーターの社長宅が放火され、社長の妻と娘が絞殺された。犯人の小田島鐵男（当時62）と守田克実（当時55）は2週間後にフィリピンへ高飛びしたが、事件の計画通りの大金を得られず、日本に帰国後も資産家宅の強盗を計画。東京・目黒の歯科医宅に押し入り殺害、さらに千葉県我孫子市の金券ショップ経営者宅から現金を奪ったうえ妻を殺害した。その後、葬式で留守にしている家の空き巣をしていた2人は現行犯逮捕される。マブチモーター事件から2年後、同社の社長が犯人逮捕の情報提供者に最高1000万円の謝礼金を出すと発表すると、2人と同じ刑務所で服役していた人物が同社に連絡を入れた。その人物の証言が具体的であることから捜査が進み、2人を再逮捕。死刑判決を受けた小田島は東京拘置所で病死。守田は現在も同所に収監されている。謝礼金1000万円は250万円ずつ4人に支払われている。

■合同捜査・共同捜査の流れ（一例）

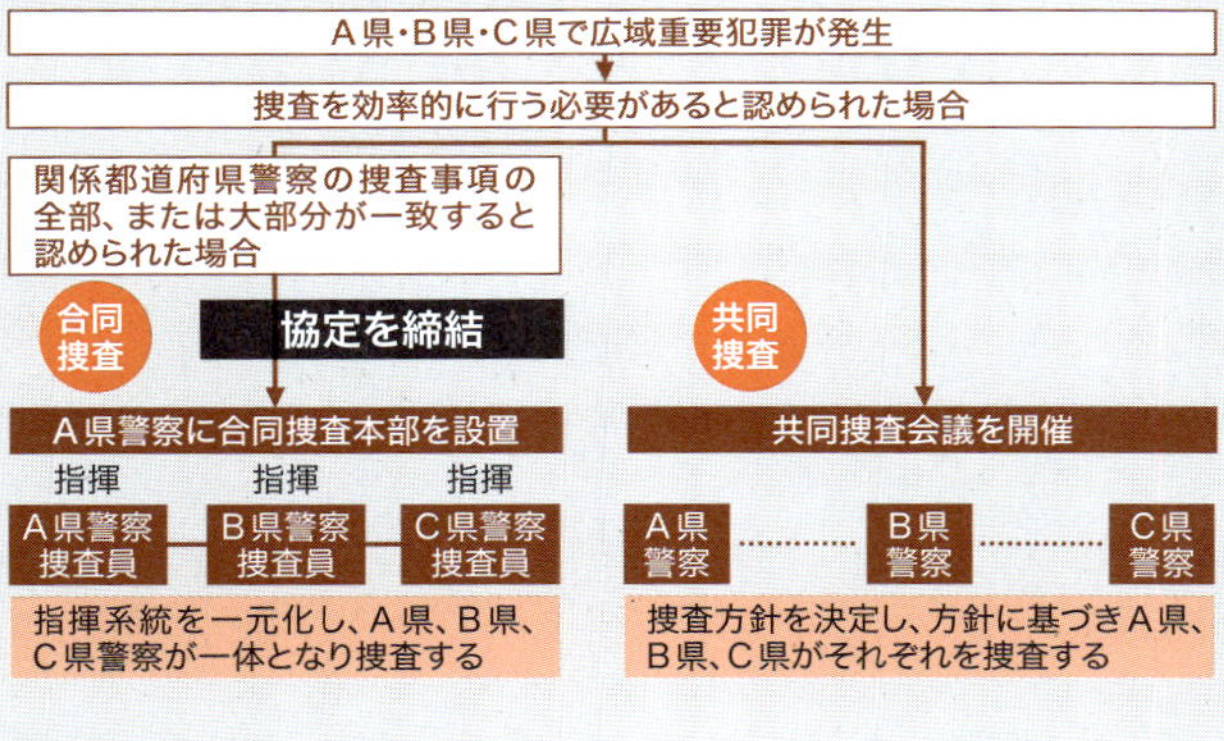

速度違反、飲酒運転、駐車違反……

「交通違反」取り締まりの実情

〝泣き落とし〟で〝お目こぼし〟は絶対ない!

取材・文●後藤豊

反対車線で行われた昼間の速度超過

今年の7月某日。珍しい光景に出くわした。

昼1時すぎ、千葉県市川市の新行徳橋。市川から浦安方向へ向かう車線で速度違反の取り締まりをしていた。新行徳橋では時々行われており、すれ違う車がパッシングをしてくれたため先頭を走っていた筆者は速度を落とした。

1時間後、用事を済ませて同じルートを戻ると、今度は浦安から市川へ向かう逆車線で取り締まりが行われていた。これまで何度か検問に遭遇してきたが、あまり目にしないパターンだった。

この橋は東京外環自動車道の開通により昼間の交通量が減ったためスピードが出しやすくなっている。制限速度は40キロだが「あの橋が40キロとはねぇ。片側二車線なんだから50キロでいいと思う」などの声も聞く。筆者も、ゆったり走っているつもりで速度計をみると50キロ。この時点で10キロオーバーだ。「通常は15キロ以上で10キロなら捕まらない」ともいわれるが、それは大間違いで運が悪ければ停められる。違反は違反、という理屈であり、筆者の友人は新行徳橋で12キロオーバーの切符を切られたという。

この速度違反を自動的に取り締まるのが「オービス」(無人式速度取締機)だ。幹線道路や高速道路で速度違反の車両を撮影しており、首都高速7号線(小松川線)の上りを例にすると、亀戸と錦糸町料金所の先に設置されている。幹線道路では30キロ以上、高速では40キロ以上で撮影されるそうで、60キロの高速道路なら100キロ以上が目安だ。「自動速度取締機設置区間」の看板を目にしたらアクセルを緩めるにかぎる。

また最近は場所を移動できる新型オービスが導入されている。この場合、警告看板は設置されないケースもあるという。

次に飲酒の検問だが、これは週末の金曜日に多く見かける。それだけ効率的なのだろう、給料日後となる月末や12月の繁忙期、時間は午後11時前後。千葉県市川市と東京都江戸川区を結ぶ市川橋の下り線（東京→市川）は恰好の取り締まりスポット。繁華街周辺や高速道路の出入り口でもよく行われている。

ちなみにスピード違反は罰金1万5千円＋2点減点（20～24キロオーバーの場合）で済むが、飲酒は酒気帯びでも50万円、減点13点で即免停となる。飲酒量によっては一発取り消し。「飲むなら乗るな」である。

こうした速度違反や飲酒の検問は警察のホームページや新聞の地域欄に実施場所が記されるが、「市川市稲荷木」など町名までしか記されないのが常である。

反則金だけの駐車違反と存在する取り締まりノルマ

次に駐車違反だが、こちらは駐停車違反と放置駐車違反の2種類が存在する。２００６年に放置駐車の取締りを強化する目的で、基本的に駐車違反は警察から委託を受けた交通巡視員や駐車監視員が取り締まるようになった。いわば民間委託であり、一度駐車違反を確認すると、数分経ってから再度見に来て車両がそのままなら取り締まる「放置駐車違反」がほとんど。黄色い紙を貼られた経験の持ち主も少なくないだろう。

普通車の場合、駐車禁止場所で2点減点、反則金1万５０００円となるが、使用者欄に記載された住所に振込用紙が届くので、警察に出頭せずとも反則金さえ納付すれば罰金は受けずに済む。警察は「反則金だけでＯＫ」としており、出頭すると事実上大損となる。

ただし、罰金を無視すると反則金に金利がつき、加えて車検を受けられなくなる。悪質だと逮捕されるケースもあるため、速やかに払ったほうがいい。

最後に、最近筆者がくらった違反について記しておこう。

片側1車線の国道14号を走行中、スマホにラインが届いた。誰からかな、と気になりスマホを手にした瞬間、警察官が脇から出てきて取り締まりを受けた。携帯電話使用等の違反である。罰金６０００円、1点減点だ。

筆者は国道14号を毎日のように走っているが、このような停められ方をされたのは初めてだった。無論こちらに非があるが、完全に油断していた。

こうした違反の取り締まりにノルマはあるのか。前述の違反をくらった際、当該警察官に聞くと「そんなものはありません」と言っていた。

『泥棒刑事』（宝島社新書）において、著者の小川泰平氏は次のように記している。

「警察にノルマはあります。警察内部では、努力目標とか、目標数値、と言い換えてはいるが、簡単に言うとノルマと同様である」

昔は情のある警察官に「家族が路頭に迷います」などと泣きつくと違反を見逃してくれることもあったが、最近はまずない。確実に取り締まりを受ける。これまで記した違反以外にも、一時停止、踏切、時間帯による進入禁止区域など、取り締まりはいつどこで行われているかわからない。交通ルールは確実に守りたい。

検問場所は警察ＨＰなどに事前に記されるが……

駐車違反の摘発にも数値目標は存在する

STAFF

■執筆
赤石晋一郎
稲葉秀朗（朗研社）
後藤 豊
佐藤勇馬
佐野 亨
西本頑司
花山十也
福田晃広（清談社）

■表紙デザイン
Malpu Design（清水良洋）

■本文デザイン＋DTP
武中祐紀

■写真協力
貝方士英樹
共同通信社

■編集
片山恵悟

警察組織
パーフェクトブック

2019年9月12日　第1刷発行
2022年4月 1日　第3刷発行

編　者　別冊宝島編集部
発行人　蓮見清一
発行所　株式会社宝島社
〒102-8388　東京都千代田区一番町25番地
電話（営業）03-3234-4621
（編集）03-3239-0646
https://tkj.jp
印刷・製本　株式会社リーブルテック

ISBN 978-4-8002-9819-5